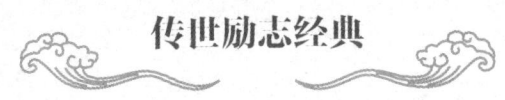

传世励志经典

一言一情怀

中华励志名句

辛 尧 编

中华工商联合出版社

图书在版编目（CIP）数据

一言一情怀：中华励志名句 /辛尧编. --北京：
中华工商联合出版社，2015.4
ISBN 978-7-5158-1257-1

Ⅰ. ①一… Ⅱ. ①辛 Ⅲ. ①名句－汇编－中国－古
代 Ⅳ. ①H136.3

中国版本图书馆 CIP 数据核字（2015）第 069430 号

一言一情怀
——中华励志名句

作　　者：辛　尧
出 品 人：徐　潜
策划编辑：魏鸿鸣
责任编辑：林　立
封面设计：周　源
营销总监：曹　庆
营销推广：王　静　万春生
责任审读：郭敬梅
责任印制：迈致红
出版发行：中华工商联合出版社有限责任公司
印　　刷：三河市燕春印务有限公司
版　　次：2015 年 6 月第 1 版
印　　次：2024 年 5 月第 5 次印刷
开　　本：710mm×1020mm　1/16
字　　数：230 千字
印　　张：18.75
书　　号：ISBN 978-7-5158-1257-1
定　　价：90.00 元

服务热线：010－58301130
销售热线：010－58302813
地址邮编：北京市西城区西环广场 A 座
　　　　　19－20 层，100044
http://www.chgslcbs.cn
E-mail: cicap1202@sina.com（营销中心）
E-mail: gslzbs@sina.com（总编室）

序

　　为了给《传世励志经典》写几句话，我翻阅了手边几种常见的古今中外圣贤大师关于人生的书，大致统计了一下，励志类的比例，确为首屈一指。其实古往今来，所有的成功者，他们的人生和他们所激赏的人生，不外是：有志者，事竟成。

　　励志是动宾结构的词，励是磨砺，志是志向，放在一起就是磨砺志向。所以说，励志不是简单的立志，是要像把刀放在石头上磨才能锋利一样，这个磨砺，也不是轻而易举地摩擦一下，而是要下力气的，对刀来说，不仅要把自身的锈磨掉，还要把多余的部分都要毫不留情地磨掉，这简直是一场磨难。所有绚丽的人生都是用艰难磨砺成的，砥砺生命放光华。可见，励志至少有三层意思：

　　一是立志。国人都崇拜的一本书叫《易经》，那里面有一句话说："天行健，君子以自强不息。"这是一种天人合一的理念，它揭示了自然界和人类发展演化的基本规律，所以一切圣贤伟人无不遵循此道。当然，这里还有一个立什么样的志的问题，孔子说：士不可以不弘毅，任重而道远。古往今来，凡志士仁人立的都是天下家国之志。李白说：大丈夫必有四方之志，白居易有诗曰：丈夫贵兼济，岂独善一身，讲的都是这个道理。

二是励志。有了志向不一定就能成事，《礼记》里说：玉不琢，不成器。因为从理想到现实还有很大的距离。志向须在现实的困境中反复历练，不断考验才能变得坚韧弘毅，才能一步一个脚印地逐步实现。所以拿破仑说：真正之才智乃刚毅之志向。孟子则把天将降大任于斯人描述得如此艰难困苦。我们看看历代圣贤，从世界三大宗教的创始人耶稣、穆罕默德、释迦牟尼到孔夫子、司马迁、孙中山，直至各行各业的精英，哪一个不是历经磨难终成大业，哪一个不是砥砺生命放射出人生的光芒。

三是守志。无论立志还是励志都不是一朝一夕、一蹴而就的，它贯穿了人的一生，无论生命之火是绚丽还是暗淡，都将到它熄灭的最后一刻。所以真正的有志者，一方面存矢志不渝之德，另一方面有不为穷变节、不为贱易志之气。像孟子说的那样：富贵不能淫、贫贱不能移、威武不能屈。明代有位首辅大臣叫刘吉，他说过：有志者立长志，无志者常立志，这话是很有道理的。

话说回来，励志并非粘贴在生命上的标签，而是融汇于人生中一点一滴的气蕴，最后成长为人的格调和气质，成就人生的梦想。不管你做哪一行，有志不论年少，无志空活百年。

这套《传世励志经典》共收辑了100部图书，包括传记、文集、选辑。为励志者满足心灵的渴望，有的像心灵鸡汤，营养而鲜美；有的就是萝卜白菜或粗茶淡饭，却是生命之必需。无论直接或间接，先贤们的追求和感悟，一定会给我们带来生命的惊喜。

徐　潜

前　言

学弟学妹考入重点学校，该说哪些祝贺的话？

亲朋好友升职、乔迁之喜，该说哪些祝贺的话？

即席演讲、临别赠言，又该如何恰如其分地表达情感呢？

编撰本书的宗旨，正是如此，希望广大读者遇到上述问题时，可以参考本书所选取的名言警句，体现你的情怀，表达你的情感，感受你的阔达。

全书共分五章，分别为：人生、家庭、情感、学习和品德。每章中，选取寓意深刻、富于哲理、易于记诵的语句。较为生僻的字，辅以拼音。

本书在编撰过程中，参考借鉴了近年来出版的一些同类书籍，在此致谢。

同时，由于编者学识有限，难免在选取过程中有误，还请广大读者批评指教。

编　者

目　录

人
生

天作孽，犹可违；自作孽，不可逭。

【出处】《尚书·太甲中》

【注释】孽，灾殃。违，避去。逭，huàn，逃避。

【解说】自然发生的灾害，还可以想方设法逃避；自己作下的罪孽，则无法逃脱。

同声相应，同气相求。

【出处】《周易·乾·文言》

【注释】声，声调。气，气质。

【解说】同类声音就会互相应和，同类气质就会互相寻求。

人心之不同，如其面焉。

【出处】《左传·襄公三十一年》

【解说】人的思想的不同，就好比人与人的面孔不相同一样。

众怒难犯，专欲难成。

【出处】《左传·襄公十年》

【注释】怒，愤怒。犯，触犯。专欲，专独的欲望。

【解说】众人的愤怒不可触犯，专独的欲望难以成功。

祸福无门，惟人所招。

【出处】《左传·襄公二十三年》

【注释】无门，无处。

【解说】祸与福没有固定的处所，只是人们自己的行为才招来的。

多行不义必自毙。

【出处】《左传·隐公三年》

【注释】行，做。毙，死亡。

【解说】做了许多坏事的人一定会自取灭亡。

前事之不忘，后事之师。

【出处】《战国策·赵策一》

【注释】师，老师，引申为"借鉴"。

【解说】记住以前做事的经验教训，可以用作后来做事的借鉴。

人而无信，不知其可也。

【出处】《论语·为政》

【注释】信，信誉。

【解说】一个人要是没有信誉，真不知道他还可以做什么。

吾十有五而志于学，三十而立，四十而不惑，五十而知天命，六十而耳顺，七十而从心所欲，不逾矩。

【出处】《论语·为政》

【注释】天命，上天的意旨。耳顺，耳听其言即知其隐微的旨意。逾，超越。矩，法度。

【解说】我十五岁时开始有志于研究学问，三十岁就能够在社会上自立，四十岁时由于知识丰富，善辨是非而不致迷惑，五十岁已经理解了什么是天命；六十岁时一听别人讲话就能明白它的真正含义；七十岁时能够随心所欲而不触犯法度。

性相近也，习相远也。

【出处】《论语·阳货》

【解说】人的本能最初都是差不多的，只是由于后来生活环境及习染的不同而相差得越来越远。

既来之，则安之。

【出处】《论语·季氏》

【注释】来之，使之来。安之，使之安定。

【解说】既然使四面八方的人民来了，就要让他们安居乐业。

君子惠而不费，劳而不怨，欲而不贪，泰而不骄，威而不猛。

【出处】《论语·尧曰》

【注释】费，破费。泰，平和。

【解说】君子能够因势利导给众人恩惠而自己没有破费；能够让他人劳动工作而不产生怨言；有正当的欲望而不贪婪；心地平和而不骄傲；保持威严而不凶猛。

志士仁人，无求生以害仁，有杀身以成仁。

【出处】《论语·卫灵公》

【注释】生，活命。

【解说】有志向且讲仁义的人，没有因为贪生怕死而损害"仁"的，却有献出生命来保全"仁"的。

今吾于人也，听其言而观其行。

【出处】《论语·公冶长》

【解说】现在我对一个人，不仅仅听他怎样说，还要看他如何做。

三思而后行。

【出处】《论语·公冶长》

【注释】三思，多次思考。

【解说】做一切事情之前要再三思考，然后才可以行动。

朽木不可雕也，粪土之墙不可杇也。

【出处】《论语·公冶长》

【注释】杇，wū，同"圬"，泥瓦工抹墙用的工具，此处即粉刷墙壁。

【解说】腐朽了的木头已不可以雕刻，正如粪土一样的墙不可以再粉刷。

死生有命，富贵在天。

【出处】《论语·颜渊》

【注释】命，命运。天，上天。

【解说】一个人的生死自有命运安排，富贵来自上天的主宰。这句话是一种宿命论观点，今日已不足取。

非礼勿视，非礼勿听，非礼勿言，非礼勿动。

【出处】《论语·颜渊》

【注释】非礼，不符合礼的准则。

【解说】不符合礼的准则的东西不要看，不要听，不要说，不要做。

己所不欲，勿施于人。

【出处】《论语·卫灵公》

【注释】施，给予。

【解说】自己不想要的东西，不要强加于他人。

可与言而不与之言，失人；不可与之言而与之言，失言。

【出处】《论语·卫灵公》

【注释】失人，错过了人。失言，说了不该说的话。

【解说】值得交谈的人不与他谈，是错过了贤人；不值得与之交谈的人而与他谈，是说了不该说的话。

君子病无能焉，不病人之不己知也。

【出处】《论语·卫灵公》

【注释】病，担心。不己知，不了解自己。

【解说】君子担心的只是自己没有才能，不担心别人不了解自己。

人无远虑，必有近忧。

【出处】《论语·卫灵公》

【解说】人没有长远打算，必然会有眼前的忧患。

欲速则不达。

【出处】《论语·子路》

【注释】速，加快。达，达到目的。

【解说】做事如果过于急躁，往往达不到目的。

名不正，则言不顺。

【出处】《论语·子路》

【注释】名，名义。

【解说】名义如果不正当，那么所讲的道理就行不通。

言必信，行必果。

【出处】《论语·子路》

【注释】信，诚实。果，果断。

【解说】说话一定要遵守诺言，行动一定要果断。

见小利，则大事不成。

【出处】《论语·子路》

【解说】只能看见小小的利益，那么大事一定办不成。

知者乐水，仁者乐山。

【出处】《论语·雍也》

【注释】知，通"智"。乐，喜爱。

【解说】因为水能因势利导，随物赋形，所以聪明的人喜爱水；因为山坚实厚重，岿然不动，仁德的人喜爱山。

己欲立而立人，己欲达而达人。

【出处】《论语·雍也》

【注释】立，立足。达，有成就。

【解说】因为自己想要在社会上立足，所以也要帮助别人自立；自己想要有所成就，也要帮助别人有所成就。

见贤思齐焉，见不贤而内自省也。

【出处】《论语·里仁》

【注释】贤，贤人。齐，赶上。省，xǐng，检查，反省。

【解说】看到贤人，要想到向他学习，并努力赶上他。看到不贤的人，要把他作为借鉴，检查自己的不足。

以直报怨，以德报德。

【出处】《论语·宪问》

【注释】直，公平正直。德，恩德。

【解说】以公平正直来回报别人对自己的仇怨，以恩德来回报别人对自己的恩德。

鸟之将死，其鸣亦哀；人之将死，其言亦善。

【出处】《论语·泰伯》

【解说】鸟在将要死的时候，它的鸣叫声十分悲哀；人在将要死的时候，他所讲的话也十分善良。

未知生，焉知死。

【出处】《论语·先进》

【解说】对今生今世尚且不清楚，怎么还会知道死去以后的事情呢？

君子固穷，小人穷斯滥矣。

【出处】《论语·卫灵公》

【注释】固穷，固守穷困，不改变操守。斯，就。滥，放任自流。

【解说】正人君子当命途不顺时，坚守穷困也不改变节操；而无德小人一旦穷困便放任自流。

与善人居，如入芝兰之室，久而不闻其香。

【出处】《孔子家语·六本》

【注释】芝，通"芷"，香草。

【解说】同道德高尚的人相处，就像进入养育芝兰的花室，时间长了闻不到它的香气。

与不善人居，如入鲍鱼之肆，久而不闻其臭。

【出处】《孔子家语·六本》

【注释】鲍鱼，咸鱼。肆，店铺。

【解说】同品德不好的人相处，就像进了卖咸鱼的店铺，时间长了就闻不到咸鱼的臭味了。

恻隐之心，人皆有之；羞恶之心，人皆有之；恭敬之心，人皆有之；是非之心，人皆有之。

【出处】《孟子·告子上》

【注释】恻隐之心，同情心。

【解说】同情心人人都有；羞恶心人人都有；恭敬心人人都有；是非心也人人都有。

性犹湍水也，决诸东方则东流，决诸西方则西流。

【出处】《孟子·告子上》

【注释】湍，tuān，急流。

【解说】人的本性就像湍急的流水，如果在东边开个口子，就向东流，如果在西边开个口子，就流向西方。

人性之善也，犹水之就下也。人无有不善，水无有不下。

【出处】《孟子·告子上》

【解说】人的本性中那些好的东西，像水永远朝低处流一样，是不可改变的规律。人人都有善的方面，就像水永远朝低处流一样。

孩提之童，无不知爱其亲也；及其长也，无不知敬其兄也。

【出处】《孟子·尽心上》

【解说】幼小的儿童没有不知道敬爱他的双亲的；等到长大之后，没有不知道尊敬他的长兄的。

志士不忘在沟壑，勇士不忘丧其元。

【出处】《孟子·滕文公下》

【注释】不忘，不怕。元，头颅。

【解说】有志气的人不害怕自己的尸体被扔在水沟里；勇敢的人不怕自己的脑袋被砍掉。

鱼，我所欲也；熊掌，亦我所欲也，二者不可得兼，舍鱼而取熊掌也。

【出处】《孟子·告子上》

【注释】得兼，兼得，兼而有之。

【解说】鱼是我想得到的，熊掌也是我想得到的，如果两种东西不能同时得到，我会舍掉鱼而要熊掌。

生亦我所欲也；义亦我所欲也，二者不可得兼，舍生而取义者也。

【出处】《孟子·告子上》

【解说】生命是我所喜爱的，道义也是我所喜爱的，如果二者不能同时得到，我就牺牲生命而选取道义。

生于忧患而死于安乐。

【出处】《孟子·告子下》

【解说】忧患的压力能使人生存发展，安逸享受久了则容易使人死亡。

人之患，在好为人师。

【出处】《孟子·离娄上》

【注释】患，毛病。好，hào，喜欢。

【解说】一般人的毛病，在于总是喜欢当别人的老师。

得道者多助，失道者寡助。

【出处】《孟子·公孙丑下》

【注释】得道者，指施行王道仁政的人。寡，少。

【解说】施行王道仁政的人会得到很多人的帮助，不施行王道仁政的人获得的支持会很少。

形固可使如槁木，而心固可使如死灰乎？

【出处】《庄子·齐物论》

【注释】槁，枯。

【解说】表面外形上可以使其像枯死的树木，然而在思想深处难道可以使其像死灰一样吗？

始乎故，长乎性，成乎命。

【出处】《庄子·达生》

【注释】故，习惯。性，培养出的性能。命，规律。

【解说】一个人的成长，初始阶段主要取决于习惯培养；长大之后主要取决于这种久而久之的习惯所体现的性情；到了成年以后主要取决于这种性情所体现的规律。

人生天地之间，若白驹之过隙，忽然而已。

【出处】《庄子·知北游》

【注释】白驹，骏马，喻指太阳。隙，缝隙。

【解说】人的一生在宇宙天地之间，像是一匹快马从缝隙间穿过，是一刹那的事。

不登高山，不知天之高也；不临深溪，不知地之厚也。

【出处】《荀子·劝学》

【解说】不登上高山，不知道天的高远；不面对深谷，不了解地有多厚。

蓬生麻中，不扶自直；白沙在涅，与之俱黑。

【出处】《荀子·劝学》

【注释】涅，niè，矿物的一种，可作黑色染料。

【解说】蓬草生在麻丛中，不用扶它也能挺直；白沙在黑涅中，也会变成黑色。

凡人有所一同，饥而欲食，寒而欲暖，劳而欲息，好利而恶害，是人之所生而有也。

【出处】《荀子·荣辱》

【注释】一同，相同。

【解说】所有的人都有相同之处：饥饿了就想吃饭，寒冷了就想取暖，疲劳了就想休息，喜欢利益而厌恶损害。这些是人生下来就有的共同想法。

相形不如论心，论心不如择术。

【出处】《荀子·非相》

【注释】择，选择。

【解说】观察其形体外貌不如讨论研究其思想，研究其思想不如对其采取适当的方法。

目不能两视而明，耳不能两听而聪。

【出处】《荀子·劝学》

【注释】明，指看清楚。聪，指听得清楚。

【解说】眼睛不能同时把两个目标都看清楚，耳朵不能同时听清楚两种声音。

人生而静，天之性也；感于物而动。性之欲也。

【出处】《礼记·乐记》

【解说】人生来就好安静，这本是天性；而后被事物所感动，这本是欲望所致。

凡事豫则立，不豫则废。

【出处】《礼记·中庸》

【注释】豫，事先有准备。立，成功。

【解说】一切事情预先有准备就能成功，没有准备就要失败。

君子有终身之忧，而无一朝之患。

【出处】《礼记·檀弓上》

【注释】一朝，一时。

【解说】正人君子因为从生到死，总是处于忧患之中，不敢有丝毫放松，因此没有一时之祸患。

大丈夫处其厚，不居其薄；处其实，不居其华。

【出处】《老子》第三十八章

【注释】厚，忠厚。实，踏实。华，浮华。

【解说】大丈夫处世要忠厚，不要轻薄；要踏实，不要浮华。

大器晚成，大音希声，大象无形，道隐无名。

【出处】《老子》第四十一章

【注释】器，器物。希，无。大象，事物的本原。道，规律。

【解说】大器物需要很长时间才能制成，宏大的声音会超出人们的听觉范围，事物的本原没有具体的形状，规律十分隐蔽，以至无法名状。

自古至今，未有全其行者也，故君子不责备于一人。

【出处】《老子》第五十五章

【注释】全，完美。

【解说】从古到今，没有一个人的一言一行都是十分完美的，所以君子对人不求全责备。

知者不言，言者不知。

【出处】《老子》第五十六章

【注释】言，说。知，同"智"。

【解说】聪明的人不乱说，乱说的人不聪明。

慎终初始，则无败事。

【出处】《老子》第六十四章

【注释】慎，慎重。终，结束。

【解说】结束时要像开始时一样慎重细心，就不会有失败的事情。

一年之计，莫如树谷；十年之计，莫如树木；终身之计，莫如树人。

【出处】《管子·权修》

【注释】树，种植，培养。

【解说】一年内的打算，没有比种五谷更重要的了；十年内的打算，没有比种植树木更重要的了；更长远的打算，没有比培养人才更重要的了。

志不强者智不达，言不信者行不果。

【出处】《墨子·修身》

【注释】达，至，到。信，有信用。果，决断。

【解说】意志不坚强的人到达不了智慧的程度，说话不守信用的人做事就不决断。

士为知己者死，女为悦己者容。

【出处】《战国策·赵策一》

【注释】容，修饰容貌，打扮。

【解说】大丈夫甘愿为知己朋友而死，女子乐意为喜欢自己的人打扮。

归真反璞，则终身不辱。
【出处】《战国策·齐策四》
【注释】真，天然。反，同"返"。璞，未雕琢的玉，此指原来的状态。
【解说】恢复自己真实的面目，返回到天然朴实的状态，这样一辈子不会受侮辱。

吞舟之鱼，陆处则不胜蝼蚁。
【出处】《吕氏春秋·慎势》
【解说】即使是能把船吞进去的大鱼，来到陆地上也打不过小小的蝼蚁。

竭泽而渔，岂不获得？而明年无鱼。
【出处】《吕氏春秋·义赏》
【注释】竭泽而渔，排干池水捉鱼。岂，哪能。
【解说】排干池水捉鱼，哪能会捉不到鱼呢？但明年就不会再有鱼了。

顺天者昌，逆天者亡。
【出处】《黄老帛书·姓争》
【注释】天，天道，指自然规律。
【解说】顺应大自然的规律就昌盛，违反大自然的规律就灭亡。

怒而无威者犯，羊质虎皮者辱。

【出处】《黄石公书》

【注释】犯，侵犯。羊质虎皮，羊的内质披上老虎的外皮。

【解说】一个即使在发怒时也没有威严的人常常会招来别人的侵犯。本质虚弱却故作强横的人常常会招致侮辱。

言之者无罪，闻之者足以戒。

【出处】《毛诗·序》

【注释】言，说话。戒，警戒。

【解说】即使说的话与事实不符，说话的人也没有罪责，听话的人也要引以为戒。

前车覆，后车戒。

【出处】《晏子春秋》

【注释】覆，翻倒。戒，警惕。

【解说】前面的车辆翻了，后面的车辆应当有所警惕。

常人安于故习，学者溺于所闻。

【出处】《商君书·更法》

【解说】平常人所以安分守己主要是由于旧习惯的驱使；有学问的人所以观点偏激主要是由于受所闻所见的局限。

世混浊而不清，蝉翼为重，千钧为轻。

【出处】战国·楚·屈原《卜居》

【注释】钧，古代重量单位，三十斤为一钧。

【解说】人世间是非黑白混淆不清，竟达到了以鸣蝉的羽翼为重，以千钧为轻的地步。

新沐者必弹冠，新浴者必振衣。

【出处】战国·楚·屈原《渔父》

【注释】沐，洗头发。冠，帽子。振衣，抖掉衣服上的尘土。

【解说】刚刚洗过头发的人，一定要弹掉帽子上的尘土；刚刚洗过澡的人，一定要抖掉衣上的尘土。

人之相知，贵相知心。

【出处】汉·李陵《答苏武书》

【注释】知，了解。

【解说】人与人之间的相互了解，最重要的是了解彼此的思想。

猛虎在深山，百兽震恐；及在槛阱之中，摇尾而求食。

【出处】汉·司马迁《报任少卿书》

【解说】猛虎活跃在深山中，百兽见到它惊骇恐惧；等到它被圈进栏杆陷阱之后，失去了往日的威风，开始像狗一样摇尾求食。

大行不顾细谨，大礼不辞小让。

【出处】汉·司马迁《史记·项羽本纪》

【注释】细谨，小节。辞，推辞。让，指责。

【解说】干大事业不必总顾及那些细枝末节，讲大节不要拒绝对自己小毛病的批评。

美女入室,恶女之仇。

【出处】汉·司马迁《史记·外戚世家》

【注释】室,家庭。恶,丑。

【解说】家中来了美丽的女子,丑女人对她必然十分仇恨。

得黄金百(斤),不如得季布一诺。

【出处】汉·司马迁《史记·季布栾布列传》

【注释】诺,许诺,诺言。

【解说】得到黄金一百斤,也不如得到季布的一个许诺。

桃李不言,下自成蹊。

【出处】汉·司马迁《史记·李将军列传》

【注释】蹊,xī,小路。

【解说】桃树李树虽不能说话,但因为它们能开好花、结甜果,所以到桃李树下来的人很多,树下自然就踏出小路来了。

人固有一死,或重于泰山,或轻于鸿毛。

【出处】汉·司马迁《报任安书》

【注释】固,必定。或,有的。鸿毛,大雁的羽毛。

【解说】人必定都有一死,有的跟泰山一样重,有的和大雁的羽毛一样轻。

天下有三门:由于情欲,入自禽门;由于礼义,入自人门;由于独智,入自圣门。

【出处】汉·扬雄《法言·修身》

【注释】由:从……出发。禽门,禽兽类。独智:独特的智慧。

【解说】普天之下共有三种门：因为放纵情欲，使人走进禽兽之门；由于崇尚礼义，使人走进人门；由于有独到的见解，使人走进圣贤之门。

义死不避斧钺之诛，义穷不受轩冕之荣。

【出处】汉·刘向《新序·义勇》

【注释】钺，yuè，古兵器。轩冕，古代公卿大夫的轩车和冕服。此指官爵。

【解说】正当的死不会躲避刀斧的诛杀；清白的贫穷不会接受来路不明的富贵。

生年不满百，常怀千岁忧。

【出处】汉·无名氏《古诗十九首·生年不满百》

【解说】人的一生还不到一百年，却会有千年的忧患。

人生天地间，忽如远行客。

【出处】汉·无名氏《古诗十九首·青青陵上柏》

【解说】一个人生活在天地之间，来去匆匆就像远行的旅客一样。

百言百当，不如择趋而审行也。

【出处】《淮南子·人间训》

【注释】当，恰当。趋，指方向。审，审慎，慎重。

【解说】说一百句话一百句恰当，也不如选好方向谨慎地去做。

仁人者，正其谊不谋其利，明其道不计其功。

【出处】汉·班固《汉书·董仲舒传》

【注释】谊，公正，合理而应当做的事。明，阐发。

【解说】仁义的人，做那些公正并且应当做的事情，而且不在其中谋取私利；只致力于阐发自己的主张，而不计较这个观点的利害。

水至清则无鱼，人至察则无徒。

【出处】汉·班固《汉书·东方朔传》

【注释】至，极度。察，明察。徒，众人，指朋友。

【解说】水太清纯了，就不会有鱼生存。人过分精明，就会没有朋友。

贫贱之知不可忘，糟糠之妻不下堂。

【出处】《后汉书·宋弘传》

【注释】知，知己，知心朋友。糟糠之妻，指共患难的妻子。下堂，指妻妾被丈夫休掉。

【解说】不可忘记贫穷下贱时结交的知心朋友，不要抛弃同甘共苦的妻子。

识时务者在乎俊杰。

【出处】晋·陈寿《三国志·蜀书·诸葛亮传》注引《襄阳记》

【注释】时务，当时的要事。俊杰，才能出众的人。

【解说】那些了解当时大事要事的人都是些英雄豪杰。

苟全性命于乱世，不求闻达于诸侯。

【出处】晋·陈寿《三国志·蜀书·诸葛亮传》注引《襄阳记》

【注释】苟全，姑且保全。闻达，闻名显达。诸侯，指当时各地的统治者。

【解说】只求在混乱的年代里保全自己的性命，不求在各路诸侯中获得显赫的地位和名声。

鞠躬尽瘁，死而后已。

【出处】晋·陈寿《三国志·蜀书·诸葛亮传》注引《汉晋春秋》

【注释】鞠躬，弯着身子，表示恭敬。尽瘁，尽力效劳。已，停止。

【解说】勤勤恳恳，小心做事，竭尽全力效劳，一直到死为止。

能用众力，则无敌于天下矣；能用众智，则无畏于圣人矣。

【出处】晋·陈寿《三国志·吴书·孙权传》注引《江表传》

【注释】圣人，指智慧最高超的人。

【解说】能发挥众人的力量，就会无敌于天下；能利用众人的智慧，就不怕遇到最聪明的对手。

失之东隅，收之桑榆。

【出处】《抱朴子·勤求》

【注释】东隅，东方。指日出之处。桑榆，指日落的地方。

【解说】在东方打仗失败了，在西方却获得了胜利。

人生无根蒂，飘如陌上尘。

【出处】晋·陶潜《杂诗》

【注释】陌，道路。

【解说】人的一生有时是无依无靠，到处飘荡，就像那路上飞起的土尘。

久在樊笼里，复得返自然。

【出处】晋·陶潜《归园田居》

【注释】樊笼，关鸟兽的笼子。比喻受束缚。

【解说】长时间被囚禁在笼子里，今日才再一次得以回归大自然。

结庐在人境，而无车马喧。问君何能尔？心远地自偏。

【出处】晋·陶潜《饮酒》

【注释】结庐，造房子。人境，人群聚集的地方。尔，如此。偏，偏僻。

【解说】虽然居住在人群聚集的地方，却没有车马迎送的喧扰。问我为什么能够如此呢？因为内心远离了尘嚣，所以居处也像在偏僻冷清之地了。

人生居世为安，岂若及时为欢。

【出处】晋·陆机《董桃行》

【解说】人的一生寄居在世间，当以平安为好；怎么能像及时行乐那样令人欣然。

虽无丝竹管弦之盛，一觞一咏，亦足以畅叙幽情。

【出处】晋·王羲之《兰亭集序》

【注释】丝竹管弦，指音乐歌舞。觞，shāng，古代饮酒器物。咏，诵诗。幽情，深情雅趣。

【解说】虽然没有音乐歌舞的盛况，仅仅是一杯酒，一句诗，也可以尽情抒发各自的深情雅趣。

振衣千仞岗，濯足万里流。

【出处】晋·左思《咏史》

【注释】振衣，抖落衣尘。仞，古代长度单位，七尺或八尺。濯，zhuó，洗。

【解说】到千尺高山上去抖衣服；到万里江河中去洗脚。

近朱者赤，近墨者黑。

【出处】晋·傅玄《太子少傅箴》

【注释】朱，朱砂，红色颜料。

【解说】接近朱砂就会被染成红色，接近墨就会被染成黑色。

病从口入，祸从口出。

【出处】晋·傅玄《傅子·口铭》

【注释】病，疾病。

【解说】疾病往往是由口中进入的病菌所引起的；灾祸也常常是由于说话不慎而造成的。

旷世之才，不能合流俗。

【出处】晋·葛洪《抱朴子·广譬》

【注释】旷世之才，当世无与伦比的才能。

【解说】具有当代无与伦比的才智的人，他的言行必定和一般人的习俗不相合。

大江流日夜，客心悲未央。

【出处】南朝齐·谢朓《暂使下都夜发新林至京邑赠西府同僚》

【注释】未央，未尽。

【解说】大江的流水日日夜夜在奔流，客居在他乡的悲愁还没有抒发完。

性贞则情销，情炽则性灭。

【出处】北齐·刘昼《刘子·防欲》

【注释】情，情欲。

【解说】本性坚定纯洁，那么情欲会销声匿迹；情欲之火如果燃烧，那么人的本性就会泯灭。

珠莹则尘埃不能附，性明则情欲不能染。

【出处】北齐·刘昼《刘子·防欲》

【解说】宝珠晶莹剔透，那么灰尘不能落附；一个人本性明朗放达，那么不良嗜好不能染身。

声色芳味，所以悦人。悦之过理，还以害生。

【出处】北齐·刘昼《刘子·防欲》

【注释】声色，指女色。芳味，指佳肴。过理，超过适当的限度。害生，损害健康。

【解说】美貌佳肴，固然可以使人高兴喜欢；但如果喜欢得过度，反过来却会损害健康。

身死名灭者如牛毛，角立杰出者如芝草。

【出处】北齐·颜子推《颜氏家训·勉学》

【注释】牛毛，极言其多。芝草，灵芝草，极言其少。

【解说】人死后名声就灭了的多如牛毛，经过角斗有所建树的杰出者少得如同灵芝草。

自知者英，自胜者雄。

【出处】隋·王通《文中子·周公篇》

【注释】自胜，战胜自我。雄，英雄。

【解说】能够了解自己、战胜自己的才是真正的英雄。

求木之长者，必固其根本；欲流之远者，必浚其泉源。

【出处】唐·魏征《谏太宗十思疏》

【注释】浚，jùn，疏通。

【解说】要使树木长高，必须加固它的根基；要使河水远流，必须疏通它的源泉。

东隅已逝，桑榆非晚。

【出处】唐·王勃《滕王阁序》

【注释】东隅，东方，太阳升起的地方，指早晨，比喻人在青壮年时期。桑榆，西方，太阳将没时余光所在的地方，指黄昏，比喻人到垂老之年。

【解说】早晨的大好阳光已经过去，即使到了黄昏也不算晚。

独有宦游人，偏惊物候新。

【出处】唐·杜审言《和晋陵陆丞早春游望》

【注释】宦游人，在外做官的人。物候，自然界表现出来的季节变化。

【解说】只有那些在外地做官的人，偏偏对季节变化、物候更新十分敏感。

欲穷千里目，更上一层楼。

【出处】唐·王之涣《登鹳雀楼》

以铜为镜，可以正衣冠；以史为镜，可以知兴替；以人为镜，可以明得失。

【出处】唐·吴兢《贞观政要·任贤》

【注释】铜，指铜镜。镜，指借鉴。

【解说】借鉴于铜镜，可以把衣服和帽子整理端正；借鉴于历史，可以了解历朝历代兴亡交替的规律；借鉴于他人，可以认清自己的得失。

立身成败，在于所染。

【出处】唐·吴兢《贞观政要·慎终》载魏征上疏

【注释】染，受环境的影响。

【解说】人生在世，事业之所以有成有败，关键在于环境和习惯的熏染。

欲人不知，莫若不为；欲人不闻，莫若勿言。

【出处】唐·吴兢《贞观政要·公平》

【注释】莫若，不如。

【解说】要想不让人知道，最好的办法是自己不做；要想不让人听见，最好的办法是自己不说。

今人不见古时月，今月曾经照古人。

【出处】唐·李白《把酒问月》

【解说】今天的人们已经看不见古时候的月亮了；而今天的月亮曾经照耀过古代人。

浮生若梦，为欢几何？

【出处】唐·李白《春夜宴从弟桃花园序》

【解说】像浮萍一样的人生，仿佛就是在梦幻之中；在这漫长的人生路上，又能有几次开心的笑呢？

世间行乐亦如此，古来万事东流水。

【出处】唐·李白《梦游天姥吟留别》

【注释】如此，指如"梦游"一样。

【解说】人世间的种种乐事也不过如此，却原来古往今来的一切事情，不管是好是坏，都像那东流的水一样一去不复返了。

但使主人能醉客，不知何处是他乡。

【出处】唐·李白《客中作》

【解说】只要主人热情好客，能使客人喝醉了，谁还会记得哪里是他乡呢！

达亦不足贵，穷亦不足悲。

【出处】唐·李白《答王十二寒夜独酌有怀》

【解说】飞黄腾达了没有什么可以尊贵的；穷途末路了没有

什么值得悲哀的。

天清江月白，心静海鸥知。

【出处】唐·李白《赠汉阳辅录事》

【解说】天空晴朗，江水中一轮明月有如白玉，心境安然，飞来飞去的海鸥似有所知。

会当凌绝顶，一览众山小。

【出处】唐·杜甫《望岳》

【注释】会当，定当。凌，登上。绝顶，顶峰，极顶。这里指泰山之巅。

【解说】我一定要登上泰山之顶端，那时群山都一览无遗，显得十分矮小。

大江东流去，游子日月长。

【出处】唐·杜甫《成都府》

【解说】大江之水奔腾向东流去，天涯游子在外流浪的时日还很长。

人之所以为圣人者，性也；人之所以惑其性者，情也。

【出处】唐·李翱《复性书》

【解说】有的人之所以能成为圣贤，是因为他的言行不离本性，有的人之所以对本性有困惑和背离，是由于为情欲所动。

已见松柏摧为薪，更闻桑田变成海。

【出处】唐·刘希夷《代悲白头翁》

【注释】摧，摧折，毁坏。薪，柴。

【解说】已经多次看到松柏树被摧折为柴薪；更听说有许多地方曾经是桑田如今成了海底。

人生代代无穷已，江月年年只相似。

【出处】唐·张若虚《春江花月夜》

【注释】已，停止。

【解说】人类一代又一代地繁衍接续，无穷无尽；江上的明月却年年如此，不变模样。

事修而谤兴，德高而毁来。

【出处】唐·韩愈《原毁》

【注释】修，有成就。谤，诽谤。兴，产生。毁，诋毁。

【解说】一个人事业成功了就会有人来诽谤，一个人德行太高尚也会招来非议。

少者殁而长者存，强者夭而病者全。

【出处】唐·韩愈《祭十二郎文》

【注释】殁，死。

【解说】年轻的死了，而年长的还活着；身体强健的早死了，多病的却还保全着性命。

宁为有闻而死，不为无闻而生。

【出处】唐·柳宗元《上扬州李吉甫相公献所著文启》

【解说】宁肯作有名望的人而死去，不愿做无声无息的人而苟且偷生。

动必三省，言必三思。

【出处】唐·白居易《策林》

【注释】省，反省，检查。三思，再三考虑。

【解说】做事之前一定要反复反省检查；说话之前一定要再三考虑。

浮生却似冰底水，日夜东流人不知。

【出处】唐·杜牧《汴河阻冻》

【解说】人的一生光阴似箭，就像那冰底下的流水，日夜东流而人却不知。

清时有味是无能，闲爱孤云静爱僧。

【出处】唐·杜牧《将赴吴兴登乐游原一绝》

【解说】政治清明时能够享受有趣味的生活是自己无能不受重视的结果；闲来无事爱看孤云飘来飘去，清静时对僧人生活也很感兴趣。

草色人心相与闲，是非名利有无间。

【出处】唐·杜牧《洛阳长句二首》

【解说】草色与人心相互映照，两两清闲；是非与名利在我已是可有可无之间。

永忆江湖归白发，欲回天地入扁舟。

【出处】唐·李商隐《安定城楼》

【解说】心中常想的是，要做出回旋天地的丰功伟业，等到功成名就时发已全白，年事已老，乘着一叶小舟归隐江湖。

宁为宇宙闲吟客，怕作乾坤窃禄人。

【出处】唐·杜荀鹤《自叙》

【注释】窃禄人，指不称职的官吏。禄，俸禄。

【解说】宁肯做天地间闲来无事吟诗作赋的文人，也怕做天下那些不干事白拿钱的官员。

谈笑有鸿儒，往来无白丁。

【出处】唐·刘禹锡《陋室铭》

【注释】鸿儒，指学识渊博的学者。白丁，无职业的人，这里指缺乏文化修养的人。

【解说】来往谈笑的都是学识渊博的大学者，没有缺乏文化教养的下等人。

无丝竹之乱耳，无案牍之劳形。

【出处】唐·刘禹锡《陋室铭》

【注释】丝竹，泛指音乐。案牍，官府文书。劳形，劳累形体。

【解说】没有音乐在耳边吵闹，没有公文写作的苦恼和劳累。

少年安得长少年，海波尚变为桑田。

【出处】唐·李贺《嘲少年》

【解说】青春年少时间非常短暂，怎么能够长久是少年；转眼之间，沧海还会变成桑田呢。

恋花林下饮，爱草野中眠。

【出处】唐·姚合《游春》

【解说】因为流连花朵而在林下饮酒；因为爱惜野草在原野上入眠。

巧辩纵横而可喜，忠言质朴而多讷。
【出处】宋·欧阳修《为君难论》
【注释】巧辩，指花言巧语。讷，指言语笨拙。
【解说】华而不实的言辞，豪迈动听，讨人喜欢；忠诚老实的话语，天真质朴，往往显得笨拙。

生而为英，死而为灵。
【出处】宋·欧阳修《祭石曼卿文》
【注释】英，英杰。灵，神灵。
【解说】生的时候是人类的英杰，死的时候也一定是鬼魂中的神灵。

山水之乐，得之心而寓之酒也。
【出处】宋·欧阳修《醉翁亭记》
【解说】游览山水的乐趣，必须在思想深处有所得而且把它泡在酒里。

升于高以望江山之远近，嬉于水而逐鱼鸟之浮沉。
【出处】宋·欧阳修《真州东园记》
【解说】在山上攀登，观赏山水的远近情景；在水中嬉戏，追逐鱼和鸟的起落浮沉。

穷山水登临之美者，必之乎宽闲之野、寂寞之乡而后得焉。
【出处】宋·欧阳修《有美堂记》

【解说】要想探索登山观水的最美境界，一定要到宽广清闲的旷野和人迹罕到的地方之后才能有所领悟。

一言出口，驷马难追。

【出处】宋·欧阳修《笔说·驷不及舌说》

【注释】驷马，用四匹马拉的车，这是古时最快的交通工具。

【解说】一句话说出了口，就是用四匹马拉的车去追也追不回来了。

可欺当时之人，而不可欺后世。

【出处】宋·欧阳修《与高司谏书》

【注释】欺，欺骗。

【解说】可以骗当时的人，却骗不了后代人。

宁以义死，不苟幸生，而视死如归。

【出处】宋·欧阳修《纵囚论》

【注释】苟，苟且。

【解说】宁肯为正义而死，也不苟且偷生，并且把死看成是回家一样正常。

不畏浮云遮望眼，自缘身在最高层。

【出处】宋·王安石《登飞来峰》

【注释】遮望眼，挡住远望的视线。缘，因。

【解说】不怕那些浮云挡住远望的视线，只因为本人身处最高层。

由俭入奢易，由奢入俭难。

【出处】宋·司马光《训俭示康》

【注释】俭，俭省。奢，奢侈。

【解说】一个人由俭朴生活过渡到奢侈生活很容易接受，而由奢侈生活过渡到俭朴生活却十分困难。

凡人之情，穷则思变。

【出处】宋·司马光《资治通鉴·唐纪》

【解说】一般人的情理，特别穷困时就会想到要变革。

天下本无事，庸人扰之为烦耳。

【出处】《新唐书·陆象先传》

【注释】庸人，见识浅陋的人。扰，扰乱。

【解说】天下本来没有多少事，都是那些平庸的人捣乱添的麻烦。

人之情安于其所常为。

【出处】宋·苏洵《礼论》

【解说】心安理得于平时的所作所为，这是人之常情。

人生一大梦，俯仰百变，无足怪者。

【出处】宋·苏轼《与宋汉杰》

【注释】俯仰，瞬息之间。

【解说】人生就像一场大梦，一刹那间有千万变化，没有什么可大惊小怪的。

俯己就人，则易为功：仰人援己，则难为力。

【出处】宋·苏轼《进策别下·省费用》

【注释】俯己就人，降低自己身份接近别人。仰人援己，依赖别人来援助自己。

【解说】降低自己身份接近别人，很容易办得到，依赖别人来援助自己，却很难办得到。

成事在理不在势，服人以诚不以言。

【出处】宋·苏轼《拟进士对御试策》

【注释】势，权势。诚，真诚。言，此指善辩。

书生之论，可言而不可用也。

【出处】宋·苏轼《诸葛亮论》

【注释】论，议论。言，谈论。

【解说】书呆子的主张，可以谈论却不可以应用。

脚力尽时山更好，莫将有限趁无穷。

【出处】宋·苏轼《登玲珑山》

【注释】有限，指生命有限。无穷，指世事无穷。

【解说】登山时腿脚已经疲倦了，山上的景色更加美好诱人；该停就停下来吧，不要用有限的生命去追逐那世间无穷无尽的事物。

人间如梦，一樽还酹江月。

【出处】宋·苏轼《念奴娇》

【注释】酹，lèi，以酒浇地而祭。

【解说】人间的一切事情如同一场大梦，且用这一杯酒浇在地上，来祭奠天上的明月。

主大计者，必执简以御繁。

【出处】宋·苏辙《上皇帝书》

【注释】主，掌握。御，驾驭。繁，纷繁的事情。

【解说】掌握主持大事的人，一定要抓住简要的纲领来统率驾驭纷繁的事物。

某平生有三愿：一愿识尽世间好人，二愿读尽世间好书，三愿看尽世间好山水。

【出处】宋·罗大经《鹤林玉露》

【解说】我平生有三个愿望：一是结识遍天下的好人，二是读遍世间的好书，三是游览遍天下的好山水。

以责人之心责己，则寡过；以恕己之心恕人，则全交。

【出处】宋·林逋《省心录》

【注释】过，过错。恕，宽恕。全，保全。交，指友情。

【解说】用要求他人的标准来要求自己，就会少犯错误；用宽恕自己的态度去宽恕他人，就会保全友情。

人得交游是风月，天开图画即江山。

【出处】宋·胡仔《苕溪渔隐丛话》前集引黄庭坚诗

【解说】人与人之间能够彼此交际游玩即是人生的无边风月；天公打开的一幅大图画即是眼前的万里江山。

口说不如身逢，耳闻不如目见。

【出处】《资治通鉴·唐纪》

【注释】身逢，亲自经历。

君子处身，宁人负己，己无负人；小人处事，宁己负人，无人负己。

【出处】宋·邵雍《处身吟》

【注释】负，对不起。无，不要。

【解说】君子待人处世，宁愿别人对不起自己，自己也不肯对不起别人；小人做事则不然，宁可自己对不起别人，也不能让别人对不起自己。

如人饮水，冷暖自知。

【出处】《六祖法宝坛经·行由第一》

【注释】知，明白。

【解说】就像人喝水一样，水的凉热只有自己最清楚。

生当作人杰，死亦为鬼雄。

【出处】宋·李清照《乌江》

【解说】生的时候应当作人类的英杰，死了以后也要作鬼魅中的英雄。

枕上诗书闲处好，门前风景雨来佳。

【出处】宋·李清照《摊破浣溪沙》

【解说】床头枕边的诗书，在得闲时读来方觉好上加好；门前屋外的风光景色，只有在云雨来到时才渐入佳境。

客子光阴诗卷里，杏花消息雨声中。

【出处】宋·陈与义《怀天经智老因访之》

【解说】作客他乡的时间大部分消磨在诗书画卷里，杏花带来的春天消息在雨声中传来传去。

纵有千年铁门限，终须一个土馒头。

【出处】宋·范成大《重九日行营寿藏之地》

【注释】铁门限，比喻人寿命长久。土馒头，谓坟墓，因其形似馒头故名。

【解说】一个人即使活上一千岁，但终了仍不免一死，落得个土坟丘。

富贵非吾事，归与白鸥盟。

【出处】宋·辛弃疾《水调歌头》

【解说】荣华富贵并不是我的事情，所以归来与那白鸥鸟成为朋友。

浮云出处元无定，得似浮云也自由。

【出处】宋·辛弃疾《鹧鸪天》

【解说】浮云飘来飘去本来没有一定规律，假如能够像浮云那样来去自由也很不错。

我见青山多妩媚，料青山见我应如是。

【出处】宋·辛弃疾《贺新郎》

【解说】我看那座座青山有许多妩媚动人之处，料想那青山看我也应该是这个样子。

人生穷达谁能料。

【出处】宋·陆游《拜寇莱公遗像》

【解说】人的一生是穷困还是腾达谁也无法料定。

疑则勿用，用则勿疑。

【出处】宋·陈亮《论开诚之道》

【注释】疑，怀疑。用，任用。

【解说】认为可疑的人就不要任用，如果任用了就不要怀疑。

卧榻之侧，岂容他人鼾睡。

【出处】宋·岳珂《桯史·徐铉入聘》

【注释】卧榻，睡床。

【解说】自己睡觉的床边，岂能容忍他人在此酣然入睡。

酒逢知己千杯少，话不投机半句多。

【出处】宋·佚名《名贤集》

【注释】投机，意气投合。

【解说】喝酒时碰上知心朋友，即使喝千杯也嫌少；说话时彼此不投和，即使再说半句也是多余。

大奸似忠，大诈似信。

【出处】《宋史·吕晦传》

【注释】忠，忠心。诈，诡诈。

【解说】特别奸险的人看上去像忠臣，极为诡诈的人看上去像老实人。

小事糊涂，大事不糊涂。
【出处】《宋史·吕端传》

不如意事常八九，可与语人无二三。
【出处】宋·方岳《别子才司令》
【解说】人生不如意的事情多得很，十个常常有八九个；而这些不如意的事情可以与他人说的，没有几个。

人生自古谁无死，留取丹心照汗青。
【出处】宋·文天祥《过零丁洋》
【注释】汗青，史册。
【解说】人生自古以来谁也免不了死，但愿能用自己的一片赤心照亮千秋史册。

无酒可供千日醉，有钱难买一生闲。
【出处】元·马臻《秋日闲咏》

天有不测风云，人有旦夕祸福。
【出处】元·无名氏《合同文字》第四折
【注释】不测，难以测知。旦夕，早晚，比喻极短时间。

路遥知马力，日久见人心。
【出处】元·无名氏《争极恩》第一折
【注释】遥，远。

养不教，父之过。教不严，师之惰。
【出处】《三字经》

【注释】过，过失，过错。惰，懒惰，不努力。

【解说】生养了子女却不好好地教育，这是父亲的过错；教导管理不严，是老师努力不够。

人之初，性本善。性相近，习相远。

【出处】《三字经》

【解说】人们在少年儿童时期，大家的性情本来都是善良的；只是由于环境和习性的不同，后来才相差越来越远，其实最初的本性是互相近似的。

若失却童心，便失却真心。失却真心，便失却真。

【出处】明·李贽《焚书·童心说》

【解说】一个人假使失去童心，便已失去真心；失去真心，便没有真可言，一切都是假的。

人必自侮，而后人侮之。

【出处】明·刘基《郁离子·诟食》

【注释】自侮，自己侮辱自己。

【解说】一个人一定是自己先侮辱了自己，然后别人才会来侮辱他。

墙上芦苇，头重脚轻根底浅；山间竹笋，嘴尖皮厚腹中空。

【出处】明·解缙《对联》

天下之事，虑之贵祥，行之贵力。

【出处】明·张居正《陈六事疏》

【注释】力，努力。祥，通"详"。

【解说】天下所有的事情，考虑时最可贵的是要详细周密，做起来时最可贵的是要努力。

成功非难，处成功尤难。

【出处】明·张居正《答中丞孙槐溪》

【注释】尤，尤其。

【解说】取得成功并不难，置身于成功的环境中而不骄傲才是最难的。

测浅者不可以图深，见小者不可以虑大。

【出处】明·张居正《翰林院读书说》

【注释】图，思考。

【解说】在浅水中测试的人不能够再进入深水中；只看到细小事物的人不能够思考重大问题。

常将有日思无日，莫待无时想有时。

【出处】明·张居正《张太岳文集》

【解说】富裕的时候要常想手头无钱的日子；不要等到已经没钱了再徒然回想昔日的富有。

人心常带三分忧患，则事业可成；人身常带三分疾病，则性命可保。

【出处】明·王佐《敬胜堂杂语》

【解说】人的内心里只要经常带有三分对祸患的忧虑，在事业上就容易获得成功；人的身体上只要常有三分的疾病，就容易提醒自己保养身体，就能够使寿命得到延长。

松柏傲霜雪而见节，不能假霜雪以敷荣；桃李带雨露而呈姿，未免因雨露而败色。

【出处】明·王佐《敬胜堂杂语》

【解说】松柏傲霜凌雪而显出气节；但是却不能借着霜雪而开花；桃花李花沾有雨露而呈现出妖艳的姿色，但也难免因为雨露而凋谢。

彩色所以养目，亦所以病目；声音所以养耳，亦所以病耳。耳目之视听，所以养心，亦所以病心。中则养，过则病。

【出处】明·祝允明《读书笔记》

【解说】彩色是用来颐养眼睛的，但同时对眼睛也有损害；声音本来是保养耳朵的，但同时对耳朵也有损害。耳目的看或听的功能，本来对人的精神有养护的作用，但也有损害的作用。适中了就有养护作用，过分了就会有损伤作用。

嗜欲使人之气淫，好恶使人之精劳。榛薄之士，无嗜欲，无好恶，是以气肃而精完。

【出处】明·陈益祥《潜颖录》

【解说】嗜好和欲望令人气质惑乱，喜爱和憎恶令人精神疲劳。隐居的人，没有嗜好和欲望，没有喜爱和憎恶，所以气质清和，精力充沛。

山中觉此身不可无，城郭中视此身为赘。

【出处】明·陈益祥《潜颖录》

【解说】在山中隐居，对生活充满情趣，觉得此身不可无；在城中居住，每日被琐事缠绕，倒觉得此身简直就是累赘。

流水之声可以养耳，青禾绿草可以养目，观书绎理可以养心，弹琴学字可以养指，逍遥杖履可以养足，静坐调息可以养筋骸。

【出处】明·陈益祥《潜颖录》

【解说】流水的声音可以调养耳朵，青苗绿草可以调养眼睛，看书推究事理可以调养精神，弹琴练书法可以调养手指，扶杖散步可以调养双脚，静坐调整呼吸可以保养筋骨。

秋坐小楼，环植兰桂，香魂月魄，竟夜争清，尤令人忘寐。

【出处】明·陈益祥《潜颖录》

【解说】秋天坐在小楼上，环顾周围种植的兰花和桂花。花香和月光，整夜竞相营造着清幽的氛围，实在令人乐而忘眠。

人能自老看少，自死看生，自败看成，自悴看荣，则性定而动自正。

【出处】明·陈益祥《潜颖录》

【解说】人如果能从老看少，从死看生，从失败看成功，从衰败看兴盛，就能心性安定，而行动自然合乎法度。

淡如秋水贫中味，和似春风静后功。

【出处】明·吴与弼《康斋日录》

【解说】贫困中的滋味就像秋水一样恬淡，静坐后的功力就像春风一样柔和。

男儿须挺然生世间。

【出处】明·吴与弼《康斋日录》

【解说】男子汉应当顶天立地地活在世间。

才不胜，不可居其位；职不称，不可食其禄。

【出处】明·胡居仁《居业录》

【解说】才能不够的人，不可占据那个官位；不称职的官员，不应该得到俸禄。

志不可一日坠，心不可一日放。

【出处】明·胡居仁《居业录》

【解说】志向一天也不能失落，心意一天也不能放纵。

天下无不可为时但袖手，天下无一可为时方出手，圣贤作用，豪杰肝肠。

【出处】明·董斯张《朝玄阁杂语》

【解说】天下什么事都好干的时候，只是袖手旁观；天下没有一件事是好干的时候，才拿出自己的本领来大干一场。这才是圣贤起到的作用，豪杰应该具备的胸怀。

人生有不可不储三副痛泪：一副哭天下大事不可为，一副哭文章不遇识者，一副哭从来沦落不偶的佳人。此三副方属英雄血泪，真事业，真性情，俱在此中，非复儿女情长执手涕泣比也。

【出处】明·杨传楷《闲余笔话》

【解说】人生应该有三副痛苦之极而流下的眼泪：一是痛哭天下的大事不能成就。二是痛哭文章没有遇到知音，还有就是痛哭那些从来没有好运的佳人、贤臣或才人。只有在这些情况下流下的眼泪才是英雄泪，真正的事业，真正的性情，都在此中，并不是缠绵多情的男女拉着手痛哭所能比拟的。

天下不堪回首之境有五：哀逝过旧游处，悯乱说太平事，垂老忆新婚时，花发向陌头长别，觉来觅梦中奇遇。

【出处】明·杨传楷《闲余笔话》

【解说】天下不堪回首的境地有这样五种：哀悼已经死去的亲朋又经过当年和死者一起游玩过的地方；叹息眼下混乱的世道提起当年太平年间的事，年老回忆新婚的时候；花开的季节与所爱的人在道路上作长期分离的告别；睡觉醒来寻找梦中的奇遇。

君子平居若无所事也，及涉于患难，则智愈明，气愈平，志愈增，德愈成，道愈凝。故曰：不遇盘根错节，无足以别利器。

【出处】明·王祎《华川卮辞》

【解说】君子平时像没有什么事情似的，等到面临患难之时，就头脑越清楚，精神越平和，意志越增强，道德越成熟，信念越坚定。所以说，不遇到盘根错节的树木，就难以区别劈开它的锋利的斧头。

财者陷身之阱，色者戕身之斧，酒者毒肠之药。人能于斯三者致戒焉，灾祸或寡矣。

【出处】明·王祎《华川卮辞》

【解说】财宝是害人的陷阱，美色是伤人的利斧，酒是坏肠的毒药。人如果对于这三样东西能够有所戒备的话，灾祸就会减少。

闲暇时，取古人快意文章，朗朗读之，则心神超逸，须眉开张。

【出处】明·陆绍珩《醉古堂剑扫》

【解说】闲暇的时候，拿出古人那些抒发快乐情感的文章，大声地朗读，就会觉得精神超脱，心情愉快，以至于胡子和眉毛为之开张。

奔走于权幸之门，自视不胜其荣，人窃以为辱；经营于利名之场，操心不胜其苦，己反似为乐。

【出处】明·陆绍珩《醉古堂剑扫》

【解说】奔走在权贵宠臣的门庭，自己感觉是无比的荣幸，别人却私下以为是耻辱之事；在名利场中苦心经营，费尽心机而不胜其苦，自己反而觉得是件乐事。

儿女情，英雄气，并行不悖；或柔肠，或侠骨，总是吾徒。

【出处】明·陆绍珩《醉古堂剑扫》

【解说】儿女的情意和英雄的豪气并不相背离；或者是柔情，或者是侠义，都是我辈。

坦易其心胸，真率其笑语，疏野其礼数，简少其交游。

【出处】明·陆绍珩《醉古堂剑扫》

【解说】心胸要坦率而平易，笑语应该是真诚而直率，礼仪应该简朴，交游要尽量地减少。

势不可倚尽，言不可道尽，福不可享尽，凡事不尽处，意味偏长。

【出处】明·陆绍珩《醉古堂剑扫》

【解说】权势不可倚仗到底，言语不可全都说尽，福气不可全部享尽。凡事留有余地，颇耐人寻味。

剖去胸中荆棘，以便人我往来，是天下第一快活世界。

【出处】明·陆绍珩《醉古堂剑扫》

【解说】除去心中不良的心计，以便自己与他人彼此没有隔阂的交往，这是天下第一快活的境界。

枝头秋叶，将落犹然恋树；檐前野鸟，除死方得离笼。人之处世，可怜如此。

【出处】明·陆绍珩《醉古堂剑扫》

【解说】秋天树枝顶端的叶子，要落了还依恋着树枝；屋檐前的鸟儿，除非死了才能离开笼子。人活在世上，也是如此的可怜。

宇宙内事，要力担当，又要善摆脱。不担当则无经世之事业，不摆脱则无出世之襟期。

【出处】明·陆绍珩《醉古堂剑扫》

【解说】天下的事，要着力去承担，又要善于摆脱。不去承担就没有治理世事的业绩，不摆脱就没有超尘脱俗的心怀。

清闲无事，坐卧随心。虽粗衣淡食，自有一段真趣；纷扰不宁，忧患缠身，虽锦衣厚味，只觉万状愁苦。

【出处】明·陆绍珩《醉古堂剑扫》

【解说】这里是说，清闲的贫穷也比富贵的困扰要自在得多。

贫不能享客，而好客；老不能徇世，而好维世；穷不能买书，而好奇书。

【出处】明·陆绍珩《醉古堂剑扫》

【解说】贫穷得无钱款待客人，而又非常好客；老了不能为社会有所贡献，但是又对世事非常关心；穷因而不能买书，但又非常喜欢奇异的书籍。

世味浓，不求忙而忙自至；世味淡，不偷闲而闲自来。

【出处】明·陆绍珩《醉古堂剑扫》

【解说】热衷于世俗的功名利禄的人，不想忙碌但总是忙忙碌碌；相反，对功名利禄看得很淡的人，即使不偷闲而总是占有清闲。

能为世必不可少之人，能为人必不可及之事，则庶几此生不虚。

【出处】明·陆绍珩《醉古堂剑扫》

【解说】如果能够成为世间不可缺少的人，能够成就他人不能成就的事业，或许可以说没有虚度此生。

生来赤赤条条，不带一物；死去干干净净，不挂寸丝。目前几许光阴，心上恁般计较。

【出处】明·余绍祉《元邱素话》

【解说】人在出生时，赤条条的，没有带来一件东西；死去也干干净净的，没有带走一寸的丝线。可惜只有眼前这点光景，有些人还斤斤计较个人的利益得失。

夺人之财以布施，如饮鸩而求生；形人之短以见长，如欲高而居下。

【出处】明·余绍祉《元邱素话》

【解说】夺取别人的财产来施舍，就像喝了毒酒来求生；用显露别人的短处来表现自己的长处，就好比站在高处反而处于低处。

风声雨声读书声，声声入耳；家事国事天下事，事事关心。

【出处】明·顾宪成·为东林书院所题对联

君子有三惜：此生不学，一可惜；此日闲过，二可惜；此身一败，三可惜。

【出处】明·夏寅《文明公集》

子弟背诵书烂熟，如瓶中泻水，不亦快哉！

【出处】清·金圣叹《快说》

【解说】孩子们背诵书籍滚瓜烂熟，就像从瓶子里往外倒水，这岂不是令人快乐的事情吗？

看人作擘窠大书，不亦快哉！

【出处】清·金圣叹《快说》

【解说】看别人书写大字，不也是值得快乐的事吗？

推开窗放蜂出去，不亦快哉！

【出处】清·金圣叹《快说》

还债毕，不亦快哉！

【出处】清·金圣叹《快说》

夜半初醒，扪心偶无一事，静听钟声冉冉从云间度，不亦快哉！

【出处】清·王晫《快说续记》

【解说】半夜时分，刚刚醒来，扪心自问，没有一件使自己惭愧的事，此时静听寺庙的钟声缓慢地从云层中传来，不也是值得快乐的事吗？

数人在座，独两人好为鬼阵，争劫叫嚣，喧不可耐，一人遽起掀其枰，搂其子纳夝中，不亦快哉！

【出处】清·王晫《快说续记》

【解说】几个人在座，只有两个人下围棋，互相叫嚷着争吃对方的棋子，喧哗之声让人实在忍耐不了。这时有人突然起身掀翻了棋盘，把棋子搂到了盛棋子的小盒里，这不也是值得快乐的事吗？

高楼月色，苦为邻家树阴所遮。一日忽闻折裂声，邻家树已为大风所折矣。少焉月出，清辉四映，不亦快哉！

【出处】清·王晫《快说续记》

【解说】身处高楼，欣赏月色，令人苦恼的是月色被邻居家的树木所遮蔽。一天忽然听到嘎巴一声，邻居家的大树被狂风刮倒。一会儿，月亮出来了，皎洁的光辉四面映照，这不是令人快乐的事吗？

避暑山中，科头赤脚，憩松阴下，听石涧流泉，时与松涛相激发，不亦快哉！

【出处】清·王晫《快说续记》

【解说】在山中避暑，光着头赤着脚，歇息在松树的阴凉处，听山涧的泉水潺潺作响，与林中的涛声相呼应，不也是值得快乐的事吗？

连日积雨，重云蔽天，一夕已卧，忽见月光射窗隙，急起推窗视之，万里无翳，长天如洗，月照树林，都成琼玉，不亦快哉！

【出处】清·王晫《快说续记》

【解说】阴雨连绵数日，满天乌云，一天晚上，已经卧倒在床，突然看到月光从窗子的缝隙中射进来，急忙推开窗户一看，只见万里晴空，没有一丝云彩，天空像清洗过似的洁净。月光照射在树林上，如同美玉般的皎洁，不也是令人愉悦的事吗？

秋风新冽，木叶始落。振衣登千仞冈，一望无际，回视此身，几欲仙去，不亦快哉！

【出处】清·王晫《快说续记》

【解说】秋风刚凛冽，树叶开始掉落，登上千丈的高冈，抖落身上的尘埃，几乎要飘飘欲仙，不也是值得快乐的事吗？

尝考一事不获，思废寝食，一旦考得之，如映冰壶、对明镜，顿令心地豁然，不亦快哉！

【出处】清·王晫《快说续记》

【解说】曾经考证一件事，没有结果，苦苦思索以至于忘记了吃饭睡觉。一旦考证有了结果，像冰壶明镜那样清晰，使得心里豁然开朗，这不也是值得快乐的事吗？

昼闲人寐，听数声鸟语悠扬，不觉耳根尽彻。夜静天高，看一片云光舒卷，顿令眼界俱空。

【出处】明·洪应明《菜根谭》

【注释】耳根尽彻，《庄子·外物》："目彻为明，耳彻为聪。"彻，通，透。

一场闲富贵，狠狠争来，虽得还是失。百岁好光景，忙忙过了，纵寿亦为夭。

【出处】明·洪应明《菜根谭》

【注释】纵，纵然，即使。寿，长寿，长命。夭，短命，早死。

千载奇逢，无如好书良友。一生清福，只在碗茗炉烟。

【出处】明·洪应明《菜根谭》

【解说】千载奇异的机会，没有像好书和良友这样难得的了，一生享受的清福，仅仅在于一碗茶和一炉烟。

遍阅人情，始识疏狂之足贵。备尝世味，方知淡泊之为真。

【出处】明·洪应明《菜根谭》

【解说】阅尽人情世事，才看出疏远豪放行为的可贵；尝尽人间百味，才知道清淡无味的真实。

我有功于人不可念，而过则不可不念；人有恩于我不可忘，而怨则不可不忘。

【出处】明·洪应明《菜根谭》

无事常如有事提防，才可以弥意外之变；有事常如无事时镇定，方可以消除局中之危。

【出处】明·洪应明《菜根谭》

【注释】弥，补救。

一粥一饭，当思来处不易。半丝半缕，恒念物力维艰。

【出处】明·朱柏庐《朱子治家格言》

【注释】缕，细线。恒，常。维艰，来之不易。

逢人且说三分话，未可全抛一片心。

【出处】明·冯梦龙《警世通言·杜十娘怒沉百宝箱》

千金难买亡人笔。

【出处】明·冯梦龙《古今小说·滕大尹鬼断家世》

【注释】笔，指亲笔遗书。

【解说】即使用千两黄金也难买将死亡之人的遗书。

生得其名，死得其所。

【出处】明·罗贯中《三国演义》第三十七回

【解说】生的时候赢得了美名，死的时候找到了自己的归宿。

人生一世，草生一秋。

【出处】明·施耐庵《水浒传》第十五回

【解说】人的一生就像草生一秋。

处世须存心上刃，修身切记寸边而。

【出处】明·吴承恩《西游记》第二十六回

【注释】心上刃，即"忍"字的拆写。寸边而，即"耐"字的拆写。

人人有面，树树有皮。
【出处】《金瓶梅词话》第七十六回

人面咫尺，心隔千里。
【出处】《金瓶梅词话》第八十一回
【解说】人与人面面相觑，近在咫尺；而思想感情的距离却大于千里之外。

自家好处，掩藏几分，这是含蓄以养深；别人不好处，要掩藏几分，这是浑厚以养大。
【出处】明·吕坤《呻吟语·修身》

肯替别人想是第一等学问。
【出处】明·吕坤《呻吟语·补遗》

处难处之事，可以长识；调难调之人，可以练性。
【出处】明·徐祯稷《耻言》
【注释】调，tiáo，调理，训练。
【解说】做那些难做的事，可以增长见识；调理那些难以调理的人，可以磨炼性格。

根深不怕风摇动，树正何愁月影斜。
【出处】明·佚名《增广昔时贤文》

【注释】深，指树根扎得深。

君子爱财，取之以道。
【出处】明·佚名《增广昔时贤文》
【注释】道，指正当的手段。

能受苦方为志士，肯吃亏不是痴人。
【出处】古代对联
【注释】痴，痴傻。

人遇误解休怨恨，事逢得意莫轻狂。
【出处】古代对联

不到极逆之境，不知平日之安；不遇至刻之人，不知忠厚之
实；不经难处之事，不知适意之巧。
【出处】清·石成金《续菜根谭》
【解说】不到非常不顺利的境地，不会知道平日里的安稳；
不遇见特别刻薄的人，不会知晓忠厚的实际；不经历难办的事，
不能知道顺心的巧妙。

种花一年，看花三日，人情若有所未满。吾以为有三日玩
赏，亦不负一年之勤劳矣。
【出处】清·陈星瑞《集古偶录》
【解说】种花一年，观赏花却只有三天。按人们的想法好像
不满足。我却以为有三天的玩赏，也不算辜负一年种花的辛勤劳
作了。

世事洞明皆学问，人情练达即文章。

【出处】清·曹雪芹《红楼梦》第五回。

【注释】洞明，洞察。练达，老练开明。

【解说】对世间一切事物能够洞察秋毫，这期间大有学问；在人情上能够老练通达，这其中大有文章。

蛟龙失水似枯鱼。

【出处】清·曹雪芹《红楼梦》第九十回

赤条条，来去无牵挂。

【出处】清·曹雪芹《红楼梦》第二十二回

【注释】赤条条，指人在降生和死亡时一件物不带来，不带去。

真人不露相，露相不真人。

【出处】清·曹雪芹《红楼梦》第一百十七回

为人不可不辨者，柔之与弱也，刚之与暴也，俭之与啬也，厚之与昏也，明之与刻也，自重之与自大也，自谦之与自贱也。似是而非，差之毫厘，失以千里。

【出处】清·袁枚《随园诗话》

【解说】做人不能不对这样一些似是而非的情况加以辨别：柔和与懦弱，刚强与暴虐，节俭和吝啬，厚道和昏庸，精明和刻薄，自重与自大，自谦与自卑。这些情形似是而非，如不细加辨别，就会出现"失之毫厘，差之千里"的问题。

失物每从无意得，怀人恰好有书来。

【出处】清·袁枚《春日偶吟》

【解说】找不到的东西每次都是在不经意中意外找到；想念朋友时，恰恰就有朋友写来的书信。

血气之怒不可有，理义之怒不可无。

【出处】清·黄宗羲《明儒学案》

【注释】血气之怒，指出于个人意气冲动产生的愤怒。理义之怒，指出于维护道义而产生的愤怒。

大丈夫行事，论是非，不论利害；论顺逆，不论成败：论万世，不论一生。

【出处】清·黄宗羲《宋元学案》

立身以至诚为本，读书以明理为先。

【出处】清·雍正《题上书房》

【注释】立身，为人处世。

【解说】为人处世，以心诚老实为根本；读书学习，以明白事理为首要目标。

才子多傲，傲便是不才。

【出处】清·申居郧《西岩赘语》

【解说】才子有很多都是骄傲的，而一旦开始骄傲就变成没有才能。

岂能尽如人意，但求无愧我生。

【出处】清·金缨《格言联璧·接物》

【注释】我生，自己的一生。

【解说】很难事事尽如人意，但求做事不愧于心。

慎风寒，节饮食，是从吾身上却病法；寡嗜欲，戒烦恼，是从吾心上却病法。

【出处】清·金缨《格言联璧》

【解说】慎防风寒，节制饮食，这是除却身体上的疾病的方法；清心寡欲，戒除烦恼，这是除却心理上疾病的方法。

少思虑以养心气，寡色欲以养肾气。勿妄动以养骨气，戒嗔怒以养肝气，薄滋味以养胃气，省言语以养神气，多读书以养胆气，顺时令以养元气。

【出处】清·金缨《格言联璧》

【解说】减少思想顾虑以保养心气，力戒色欲以保养肾气，不轻举妄动以保养骨气，禁戒发怒以保养肝气，食味清淡以保养胃气，少说废话以保养神气，多读书以保养胆气，顺时令而行以保养元气。

行欲徐而稳，立欲正而恭，坐欲端而正，声欲低而和。

【出处】清·金缨《格言联璧》

【解说】行走要缓慢而沉稳，站立要挺直而恭敬，坐姿要端庄恭正，说话声音要低沉而温和。

多静坐以收心，寡酒色以清心，去嗜欲以养心，玩古训以警心，悟至理以明心。

【出处】清·金缨《格言联璧》

【解说】多静坐以收心入静，少酒色以清心寡欲，戒除嗜好以养心，体味古人训诫以省察内心，体悟道理以使心明。

道生于安静，德生于卑退，福生于清俭，命生于和畅。
【出处】清·金缨《格言联璧》
【解说】道自安静中得来，德于谦让中养成，福在清俭中积累，命于和畅中保全。

人知言语足以彰吾德，而不知慎言语乃所以养吾德；人知饮食足以益吾身，而不知节饮食乃所以养吾身。
【出处】清·金缨《格言联璧》
【解说】人们都知道用花言巧语可以显示自己的美德，却不知道少言慎语才是培养自己品德的所在；人们都知道吃饱喝好有益于身体健康，却不知道节制饮食乃是保养身体的法宝。

闲时炼心，静时养心，坐时守心，行时验心，言时省心，动时制心。
【出处】清·金缨《格言联璧》
【解说】喧扰之时要锤炼心，安静之时要善养心，静坐下来要守住心，行动之时要考验心，说话之时要省察心，运动之时要控制心。

衰后罪孽，都是盛时作的；老来疾病，都是壮年招的。
【出处】清·金缨《格言联璧》
【解说】衰败时的罪孽，都是因为强盛时不知道修德所招致的；年老的疾病，都是由于年轻时不知道保养而产生的。

败德之事非一，而酗酒者德必败；伤生之事非一，而好色者生必动。

【出处】清·金缨《格言联璧》

【解说】败坏人德行的事不止一类，而酗酒人的德行必定败坏；有损生命的事不止一类，但好色的人必定损伤生命。

人莫乐于闲，非无所事事之谓也。闲则能读书，闲则能游名胜，闲则能交益友，闲则能饮酒，闲则能著书。天下之乐，孰大于是？

【出处】清·张潮《幽梦影》

【解说】人生最大的乐趣是清闲，但并不是没有事情去干。清闲时就能够读书，清闲时就能够游览名胜风景，清闲时就能够广交好朋友，清闲时就能够饮酒作乐，清闲时就能够著书立说。天下的乐趣，还有哪些事情比这种乐趣更大的呢？

少年人须有老成之识见，老成人须有少年之襟怀。

【出处】清·张潮《幽梦影》

【解说】年轻时最好要有老道成熟的识见；老年时最好能有年轻时的情怀。

少年读书，如隙中窥月；中年读书，如庭中望月；老年读书，如台上玩月。皆以阅历之浅深，为所得之浅深耳。

【出处】清·张潮《幽梦影》

【注释】隙，缝隙。台，月台，古代赏月的露天平台。

【解说】年轻时读书，如在缝隙中看月，虽仅见一斑，但却专精而明确；中年时读书，如在庭院中望月，虽然广博，但仍有不明了之处，老年时读书，如在平台上赏月，取舍由己，不受限制。这些都是因人生阅历的深浅不同，而使读书心得也有深有浅。

人生得一知己足矣，斯世当以同怀视之。

【出处】清·何溙《联句》

【注释】斯世，这一辈子。同怀，指兄弟。

【解说】人生能得到一个知己朋友就已足够了，这一辈子彼此当以兄弟互相对待。

不为圣贤，便为禽兽；莫问收获，但问耕耘。

【出处】清·曾国藩《座右铭》

【解说】成不了圣贤，就会成为禽兽；不要关心结果如何，要不断地埋头努力。

一食而求永饱者必死，一劳而求永逸者必亡。

【出处】清·梁启超《变法通议。论不变法之害》

【注释】食，吃饭。逸，安逸。

【解说】吃一顿饭便指望永远不饿的人一定会胀死，做一次事便希图永远安逸的人必然自取败亡。

家

庭

积善之家，必有余庆；积不善之家，必有余殃。

【出处】《周易·坤卦》

【注释】余庆，指先人遗存的恩泽。余殃，指先人遗留的灾难。

【解说】积累善良的家族，一定会有先人留下的无数恩泽；积累恶行的家族，一定会给子孙留下祸根。

兄弟阋于墙，外御其侮。

【出处】《诗经·小雅·棠棣》

【注释】阋，xì，争吵。

【解说】尽管兄弟在家争吵不休，但却能团结起来抵御外来的欺侮。

昔我往矣，杨柳依依；今我来思，雨雪霏霏。

【出处】《诗经·小雅·采薇》

【注释】依依，轻盈柔软貌。思，语助词。雨，yù，下（雪）。霏霏，雪下得很密的样子。

【解说】从前我离乡守边时，杨柳依依难别离；如今我正回家转，雨雪纷纷心凄凄。

兄爱而友，弟敬而顺。

【出处】《左传·昭公二十六年》

【解说】当兄长的要关爱弟弟，兄弟之间就可能成为朋友；当弟弟的对兄长尊敬，兄弟之间的关爱就比较和顺。

夫有尤物，足以移人。

【出处】《左传·昭公二十八年》

【注释】尤物，指美貌女子。

【解说】有一种风流美貌的女子，能够改变男人的性情。

子以母贵，母以子贵。

【出处】《春秋公羊传·隐公元年》

【解说】儿子刚出生时依靠母亲家的势力而尊贵；母亲年老时依靠的是儿子的地位。

家富则疏族聚，家贫则兄弟离。

【出处】《慎子·内篇》

【注释】疏族，此指同族的远亲。

【解说】家业兴旺富有，即使是远亲也都紧紧团结在一起；家业破落贫寒，即使是兄弟姐妹也会分崩离析。

起居时，饮食节，寒暑适，则身利而寿命益。

【出处】《管子·形势解》

【注释】时，按时。节，节制。适，适应。

【解说】起居按时，饮食有节制，寒暑变化而适应，那么对身体健康有利而有益于长寿。

知子莫若父。

【出处】《管子·大匡》

【解说】没有人比父亲更了解自己的儿子。

父母之年，不可不知也。一则以喜，一则以惧。

【出处】《论语·里仁》

【注释】"一则"，一方面。

【解说】此两句意谓为父母添寿而喜，为父母衰老而惧。

父母在，不远游，游必有方。

【出处】《论语·里仁》

【注释】游，行走。方，一定的去向。

【解说】如果父母健在，子女不应该到远处行走；如果一定要去，也一定要有确切的去向。

发愤忘食，乐以忘忧，不知老之将至。

【出处】《论语·述而》

【解说】发愤读书学习，乃至忘记吃饭；乐在其中，忘记了忧愁；甚至不知道自己马上就要老了。

惟女子与小人为难养也，近之则不孙，远之则怨。

【出处】《论语·阳货》

【注释】不孙，不逊，无礼。

【解说】只有那些女人和小人难以教育，你靠近他他便不谦逊，远离他他便开始埋怨。

君子有三戒：少之时，血气未定，戒之在色；及其壮也，血气方刚，戒之在斗；及其老也，血气既衰，戒之在得。

【出处】《论语·季氏》

【注释】色，女色。得，贪得。

【解说】君子要在三个方面有所警戒：青少年之时，身体正在发育，血气尚未定型，不要贪恋女色；到了壮年，精力正充沛，性情正刚烈，不要好胜喜斗；到了老年，精力已经衰退，不要贪得无厌。

君子食无求饱，居无求安。

【出处】《论语·学而》

【解说】正人君子在饮食上只求充饥而不求太饱太好；在居室上只求有藏身之所而不求过分安适。

饭疏食饮水，曲肱而枕之，乐亦其中矣。

【出处】《论语·述而》

【注释】疏食，粗粮。肱，gōng，胳膊。

【解说】如果能够在饥饿时每天吃些粗粮，渴时饮些水；然后头枕着胳膊睡上一小会儿，幸福快乐也就在其中了。

食不语，寝不言。

【出处】《论语·乡党》

【解说】吃饭时最好不要跟别人交谈，睡觉时千万不要说话。

食不厌精，脍不厌细。

【出处】《论语·乡党》

【注释】精，上等细米。脍，kuài，切细的肉。

【解说】吃的米饭越来越精，吃的肉越切越细。

虽有慈父，不爱无益之子。

【出处】《墨子·亲士》

【解说】家中虽然有慈爱的父亲，但绝不可以护爱那些不干好事的子女。

口之于味也，有同耆焉。

【出处】《孟子·告子上》

【注释】耆，同"嗜"，嗜好。

【解说】人们对饮食的味道，有许多相同的嗜好。

饥者易为食，渴者易为饮。

【出处】《孟子·公孙丑上》

【解说】饥饿的人在吃饭上很容易满足；干渴的人在喝水上不挑剔。

家必自毁，而后人毁之。

【出处】《孟子·离娄上》

【解说】一个家庭的破灭，首先是自己在毁败它，而后是别人也来毁灭它。

父母之心，人皆有之。

【出处】《孟子·滕文公下》

【解说】普天下父母关爱子女的心情，人人都有。

妻子具而孝衰于亲。

【出处】《荀子·性恶》

【注释】妻子，妻儿。具，拥有。

【解说】一个男人一旦拥有妻儿后很容易使对老人的孝敬心逐渐衰退。

糟糠不饱者不务梁肉，短褐不完者不待文绣。

【出处】《韩非子·五蠹》

【注释】糟糠，粗劣的食物。务，求。梁肉，指精美的饭菜。短褐，粗布短衣。文绣，有刺绣的华丽衣服。

【解说】吃着糟糠还不能吃饱的人不会再想有米有肉的饭菜；穿着粗布短衣尚且破旧不堪的人不会再期待有刺绣的衣裳。

父母之爱子，则为之计深远。

【出处】《战国策·赵策四》

【解说】父亲和母亲如果真爱自己的子女，就要为他们考虑得十分深刻长远。

老冉冉其将至兮，恐修名之不立。

【出处】战国·楚·屈原《离骚》

【注释】冉冉，rǎn，渐进貌。修名，美好的声名。

【解说】年老的影子一天比一天近了，心中忧虑的还是自己的美名没有确立。

人之老也，形益衰而智益盛。

【出处】《吕氏春秋·去宥》

【注释】形，形体。盛，旺盛。

【解说】人到了老年，身体日益衰弱，但思想却日益丰富深沉。

一尺布，尚可缝；一斗米，尚可舂；兄弟二人不相容。

【出处】汉·司马迁《史记·淮南衡山列传》

【解说】一尺长的布还可以缝制衣服兄弟们一起穿；一斗米还可以舂捣兄弟们一起吃；可如今的兄弟二人却如水火不相容。

福善之门莫美于和睦，患咎之首莫大于内离。

【出处】汉·班固《汉书·东平思王刘宇传》

【注释】咎，灾祸。内离，内部离心离德。

【解说】幸福的家庭没有比全家和睦更美好的了；家庭中最大的祸患没有比内部离心离德更糟的了。

夫妇之道，有义则合，无义则离。

【出处】汉·班固《汉书·孔光传》

【注释】道，准则。义，情义。

【解说】丈夫与妻子间的准则，有情义则结合在一起，没有情义就该分离。

家有敝帚，享之千金。

【出处】三国魏·曹丕《典论·论文》引俚语

【注释】敝帚，破旧的扫帚。享，供享用。

【解说】自己家有一把破旧的扫帚，也把它看成是价值千金的宝贝。

本是同根生，相煎何太急？

【出处】三国·魏·曹植《七步诗》

【解说】本来是同根所生的东西，为什么彼此紧紧煎逼而不相容呢？

上和下睦，夫唱妇随。

【出处】南朝·梁·周兴嗣《千字文》

【解说】上边的官员间和睦了，下边的僚属自然就团结了；丈夫在前边做出榜样，夫人就在后面跟着。

婚姻勿贪势家。

【出处】北齐·颜之推《颜氏家训》

【注释】势家，指有权有势的人家。

【解说】儿女们的婚姻大事不要贪图对方家庭的势力富贵。

父不慈，则子不孝；兄不友，则弟不恭；夫不义，则妇不顺矣。

【出处】北齐·颜之推《颜氏家训》

【解说】父亲不慈爱，儿女就不会孝顺；兄长不友爱，弟弟就不会恭顺；丈夫没情义，妻子就不会和顺。

父母之严，不可以狎；骨肉之爱，不可以简。简则慈孝不接，狎则怠慢生矣。

【出处】北齐·颜之推《颜氏家训》

【注释】狎，xiá，亲昵。简，怠慢。

【解说】父亲与母亲的威严，不可以靠与子女过分亲昵产生；儿女对父母的敬爱之心，不可以有丝毫怠慢。过分怠慢就会使父慈子孝的传统接续不上，过分亲昵就会使怠慢之心产生。

人寿百年能几何？后来就妇今为婆。

【出处】《古诗源》录《休洗红》

【解说】即使人生能活到一百岁，又能有多少天？后来的新娘如今已变成老婆婆。

宛转蛾眉能几时。须臾鹤发乱如丝。
【出处】唐·刘希夷《代悲白头翁》
【注释】宛转，美好的样子。蛾眉，此用为美女的代称。须臾，片刻。鹤发，白发。
【解说】美好的容貌能保持多久，转眼间变成满头白发像一团乱丝。

晚年惟好静，万事不关心。
【出处】唐·王维《酬张少府》
【解说】人到了晚年只喜好安静清闲，对一切事情都不关心了。

独在异乡为异客，每逢佳节倍思亲。
【出处】唐·王维《九月九日忆山东兄弟》

应怜故乡水，万里送行舟。
【出处】唐·李白《渡荆门送别》
【注释】怜，爱。
【解说】应当爱这故乡的江水，因为它不远万里把我的船送了一程又一程。

我寄愁心与明月，随君直到夜郎西。
【出处】唐·李白《闻王昌龄左迁龙标遥有此寄》

【注释】夜郎，在今贵州境内。

【解说】我将愁绪寄托与那一轮皓月，随你一直到西边的夜郎。

何处是旧程？长亭更短亭。

【出处】唐·李白《菩萨蛮》

【注释】长亭、短亭，古时驿路上十里设一长亭，五里设一短亭。

【解说】哪里是回家的路呢？走过一个长亭又一个短亭。

春风知别苦，不遣杨柳青。

【出处】唐·李白《劳劳亭》

【解说】春风也好像知道人们离别时的心情痛苦，所以不让柳枝返青。

浮云游子意，落日故人情。

【出处】唐·李白《送友人》

【注释】游子，在外作客、四处奔波之人。故人，老朋友。

【解说】游子的心思就像浮云一样飘忽不定，老朋友的情意就像落日那般依依不舍。

以色事他人，能得几时好？

【出处】唐·李白《妾薄命》

【注释】色，指容貌。

【解说】一个女子，如果仅仅靠外貌美丽而服务他人，她能够得到多长时间的好处呢？

万里悲秋常作客，百年多病独登台。

【出处】唐·杜甫《登高》

【解说】远别故乡，长期作客他乡，秋风萧瑟心中悲凉；多年患病，独自登台，远望亲人肠寸断。

感时花溅泪，恨别鸟惊心。

【出处】唐·杜甫《春望》

【注释】时，时局。溅泪，流泪。

【解说】想到时局危急，连看花也伤心落泪；怨恨家人离散，连听到鸟叫也十分心惊。

烽火连三月，家书抵万金。

【出处】唐·杜甫《春望》

【注释】烽火，原指古代边境报警的烟火，此处指战乱。抵，值。

【解说】战争已经延续很长时间了，一封家信简直可以值万两黄金了。

不分桃花红似锦，生憎柳絮白如棉。

【出处】唐·杜甫《送路六侍御入朝》

【注释】不分，不合，不该。生憎，十分恼恨。

【解说】这桃花不该在这时开得像红锦缎一样的美，也十分恼恨那柳絮比棉花还白。

慈母手中线，游子身上衣。临行密密缝，意恐迟迟归。

【出处】唐·孟郊《游子吟》

【解说】慈爱的母亲手中的针线，缝成了将要远行的儿子的衣裳；临出发前细细密密地缝补，担心儿子一时半会不归来衣服会穿破。

谁言寸草心，报得三春晖。

【出处】唐·孟郊《游子吟》

【注释】寸草，小草。三春晖，春天的阳光。比喻母爱。

【解说】谁说小草的一片心意，能够报答春天太阳的恩情。

残星几点雁横塞，长笛一声人倚楼。

【出处】唐·赵嘏《长安秋望》

【注释】残星，天将拂晓时疏朗的星星。长笛，长长的笛声。

【解说】天边几点残星，塞北大雁横空；一声长笛，引起客子倚楼望乡，思绪万千。

云横秦岭家何在？雪拥蓝关马不前。

【出处】唐·韩愈《左迁至蓝关示侄孙湘》

【注释】秦岭，陕西境内山脉。蓝关，地名，在今陕西蓝田。

【解说】阴云横亘在秦岭，何处是我的家乡？大雪壅塞了蓝关，人马踟蹰不前。

一夕高楼月，万里故园心。

【出处】唐·白居易《江楼闻砧》

【解说】一夜在高楼上望月，不禁想起万里外故乡的亲人。

花非花，雾非雾。夜半来，天明去。来如春梦几多时，去似朝云无觅处。

【出处】唐·白居易《花非花》

【注释】几多时，曾几何时，言时间短暂。

【解说】说是花，又不像花；说是雾，又不是雾。半夜里来，天亮时走。来的时候像春梦一般短暂，走时像朝云一样无处可寻。

寄言痴小人家女，慎勿将身轻许人。

【出处】唐·白居易《新乐府·井底引银瓶》

【解说】捎话给那些痴心的小家女子，千万要慎重啊，不要把自己轻易许配给别人。

吊影分为千里雁，辞根散作九秋蓬。共看明月应垂泪，一夜乡心五处同。

【出处】唐·白居易《自河南经乱，关内阻饥，兄弟离散，各在一处。因望月有感，聊书所怀，寄上浮梁大兄、于潜七兄、乌江十五兄，兼示符离及下邽弟妹》

【注释】吊影，形影相吊，比喻十分孤单。雁，雁行，指兄弟。蓬，草名，也称飞蓬。

【解说】如今形影相吊，骨肉分离，兄弟们像相隔千里的飞雁；离开本土，四处飘散，像深秋九月的枯蓬。此时兄弟们虽分散在不同去处，却共看一轮明月，应该纷纷落下相思之泪；一夜之间如此思乡之情，兄弟们所在五处应当是五处相同。

为人莫作妇人身，百年苦乐由他人。

【出处】唐·白居易《太行路》

善除害者察其本，善理疾者绝其源。

【出处】唐·白居易《策林》

【解说】善于除害的人一定要观察致害的根本；善于治病的人一定要断绝致病的根源。

每一食，便念稼穑之艰难；每一衣，则思纺绩之辛苦。

【出处】唐·吴兢《贞观政要·教戒太子诸王》

【解说】每吃一顿饭，就要同时考虑老百姓种田的艰辛劳苦；每穿一件衣，就要同时思想纺纱织布的不易。

谁念盘中餐。粒粒皆辛苦！

【出处】唐·李绅《悯农二首》

【解说】有谁想到了碗中的米饭，每一粒都是辛勤汗水的结晶！

苦恨年年压金线，为他人作嫁衣裳。

【出处】唐·秦韬玉《贫女》

【注释】压金线，指用金丝线从事刺绣。

【解说】可恨年年用金线缝制刺绣的，却是她人的嫁衣。

易求无价宝，难得有心郎。

【出处】唐·鱼玄机《寄李亿员外》

【解说】无价的宝贝比较容易找到；有情有义的大丈夫却难碰上。

旅馆谁相问？寒灯独可亲。一年将尽夜，万里未归人。

【出处】唐·戴叔伦《除夕宿石头驿》

【解说】旅店里有谁来问寒问暖呢？只有眼前寒夜里的孤灯倍觉可亲。在一年即将过去的夜晚，却只有我是万里之外尚不回家的人。

洛阳城里见秋风，欲作家书意万重。复恐匆匆说不尽，行人临发又开封。

【出处】唐·张籍《秋思》

【解说】在洛阳城里又见秋风吹起，因而想给家人写信，表达乡思千万重。又恐怕匆忙中心里话没说尽，在行人临出发前又打开了信封。

落叶他乡树，寒灯独夜人。

【出处】唐·马戴《灞上秋居》

【解说】客寄他乡，见落叶而感慨万千；孤灯独对，寒夜里寂寞心情。

乍见翻疑梦，想悲各问年。

【出处】唐·司空曙《云阳馆与韩绅宿别》

【注释】乍，刚刚。翻，反而。

【解说】刚一见面反而怀疑是在做梦，彼此万分悲伤不由得相互问起年龄。

芳草有情皆碍马，好云无处不遮楼。

【出处】唐·罗隐《魏城逢故人》

【解说】香草多情地拉住马蹄，美丽的云彩掩映着处处楼台。

问姓惊初见，称名忆旧容。

【出处】唐·李益《喜见外弟又言别》

【解说】问起姓氏，因刚刚见面而感惊喜；称说名字，彼此都回想起旧日的模样。

嫁女莫望高，女心愿所宜。

【出处】唐·李益《杂曲》

【解说】女儿出嫁不要大攀高结贵，只要女儿的心里情愿就是好。

静以养身，俭以举性。

【出处】唐·李延寿《南史·陆慧晓传》

【解说】心境平安可以用来保养身体，生活节俭可以用来调养性情。

发少嫌梳利，颜衰恨镜明。

【出处】唐·刘禹锡《冬日晨兴寄乐天》

【解说】头发少了，却怨梳子太尖利了；颜面衰老了，却恨镜子太明亮了。

青春留不住，白发自然生。

【出处】唐·杜牧《送友人》

【解说】大好的青春年华留也留不住，头上的白发一天比一天长出来了。

衰兰送客咸阳道，天若有情天亦老。

【出处】唐·李贺《金铜仙人辞汉歌》

【注释】衰兰，凋败的兰花。

【解说】憔悴的兰花在咸阳古道上送远行客人；天如果有感情，天也会悲伤得苍老了。

离恨恰如春草，更行更远还生！

【出处】南唐·李煜《清平乐》

【注释】恰，正。更，纵然，即使。

【解说】怨恨离别的情绪，正像春草一样，即使走得更远，还是不断地萌生。

独自莫凭栏，无限江山，别时容易见时难。

【出处】南唐·李煜《浪淘沙》

【注释】凭栏，倚着栏杆。

【解说】傍晚独自倚栏远望，那无尽的美好江山。离开时容易，再相见可就难了。

内睦者家道昌，外睦者人事济。

【出处】宋·林逋《省心录》

【注释】济，成功。

【解说】内部团结的家业一定昌盛；外部团结众人的办什么事情一定会成功。

为子孙富贵计者，十败其九。

【出处】宋·林逋《省心录》

【解说】一个人如果总是替子孙将来的富贵打算，这样的想法十个有九个不会成功。

饱肥甘，衣轻暖，不知节者损福。

【出处】宋·林逋《省心录》

【解说】整天饱食肥肉甜食，长年穿着轻便暖和的衣裳，同时不知节制的人一定要损寿。

从别后，忆相逢，几回魂梦与君同。今宵剩把银钍照，犹恐相逢是梦中。

【出处】宋·晏几道《鹧鸪天》

【注释】宵，夜。剩，jǐn，只顾，一个劲儿地。银钍，银灯。

春风又绿江南岸，明月何时照我还？

【出处】宋·王安石《泊船瓜洲》

多情自古伤离别，更哪堪、冷落清秋节！今宵酒醒何处？杨柳岸、晓风残月！

【出处】宋·柳永《雨霖铃》

【解说】自古以来多情的人都感伤离别，更怎能忍受在这凄凉的秋天时节。今晚酒醒后将走到何处？岸上的杨柳、寒冷的晨风和一弯残月！

五更千里梦，残月一城鸡。

【出处】宋·梅尧臣《梦后寄欧阳永叔》

【解说】五更时分，梦魂远去千里之外的故乡；醒来时，残月当空，满城雄鸡长鸣。

祭而丰，不如养之薄也。

【出处】宋·欧阳修《泷冈阡表》

【解说】用丰厚的祭品来祭奠父母，还不如父母健在时用普通的衣食奉养他们。

劳其形者长年，安其乐者短命。

【出处】宋·欧阳修《删正黄庭经序》

【解说】疲劳他的身体的人一定会长寿；经常处于安逸享乐中的人一定会短命。

无官一身轻，有子万事足。

【出处】宋·苏轼《贺子由生第四孙》

【解说】一个人没有了官职会立刻感到一身轻松；如果有了儿孙，对所有的事情都会满足。

人有悲欢离合，月有阴晴圆缺，此事古难全。但愿人长久，千里共婵娟。

【出处】宋·苏轼《水调歌头》

【注释】婵娟，指月亮。

【解说】人不免都有悲伤和欢乐、离别和团圆的时候，月亮也有阴晴圆缺的日子，这两者都是自古以来难以十全十美的。只希望人能长寿，即使相隔千里，如果能共同看到美好的圆月也就知足了。

人皆养子望聪明，我被聪明误一生。惟愿孩儿愚且鲁，无灾无难到公卿。

【出处】宋·苏轼《洗儿戏作》

【注释】公卿，做官为宦。

善养身者，使之能逸而能劳。

【出处】宋·苏轼《策别十六》

【解说】善于保养自己身体的人，一定要使身体既能休息又能劳动。

善养生者，慎起居，节饮食，导引关节，吐故纳新。

【出处】宋·苏轼《上神宗皇帝书》

【注释】导引关节，使身体各部关节活动。导引，古医家的一种养生术，指呼吸俯引，屈伸手足，使血气流通，促进身体健康。

【解说】善于保养身体的人，要注意起居有时，节制饮食，活动关节，使身体吐故纳新。

人老簪花不自羞，花应羞上老人头。

【出处】宋·苏轼《吉祥寺赏牡丹》

【注释】簪花，把花插在头上。

【解说】人老了头上还插着花，自己不知道害羞；如果花有感情，也应该替老人害羞。

慈孝之心，人皆有之。

【出处】宋·苏辙《古今家诫叙》

【注释】慈孝，指爱抚子女，孝敬父母。

五更归梦二百里，一日思亲十二时。

【出处】宋·黄庭坚《思亲汝州作》

【注释】十二时，古代一昼夜分为十二个时辰。

【解说】五更时分，归乡的梦已走了二百里路；一天想念父母双亲十二个时辰。

梦中叶落，觉有归意。
【出处】宋·晁补之《和关彦远〈秋风吹我衣〉》

白发生来如有信，青春归去更无情。
【出处】宋·张耒《暮春》
【解说】头上白发好像是遵守信约，按时而生；青春年华早已过去了，仿佛是无义无情。

闻说双溪春尚好，也拟泛轻舟。只恐双溪舴艋舟，载不动，许多愁。
【出处】宋·李清照《武陵春·春晚》
【注释】双溪，地名，在今浙江金华。舴艋舟，窄而长的小船。舴艋，zé měng。许多，这么多。
【解说】听说双溪仍然春光明媚，我也想到那里荡着轻快的小船游览一番。怕只怕双溪的舴艋舟，载不动我心中的这么多愁。

身健却缘餐饭少，诗清都为饮茶多。
【出处】宋·徐玑《赠徐照》
【注释】缘，因为。
【解说】身体健康却是因为吃饭有节制；诗歌写得清雅都是因为饮茶多。

问长生久视之道，则告以清心寡欲为要。

【出处】元·陶宗仪《辍耕录》

【注释】久视。亦长生意。

人到中年万事休，我怎肯虚度了春秋。

【出处】元·关汉卿《南吕·一枝花·不伏老》

儿孙自有儿孙福，莫为儿孙作远忧。

【出处】元·关汉卿《包待制三勘蝴蝶梦》楔子

自笑年来常送客，不知身是未归人。

【出处】明·王越《与李布政彦硕冯金宪景阳对饮》

【解说】笑自己一年来经常送他乡作客的人归乡，却不觉得自己也是个客居未归之人。

男子之力，必胜于妇人，若对悍妻，其手自缚；父母之尊，素加于卑幼，使遇劣子，其口常嗫。

【出处】明·徐学谟《归有园麈谈》

【解说】一般地说，男子的力量总是胜过妇女，但是如果面对的是蛮横的妻子，那做丈夫的也只好自己捆住了自己的手脚。通常情况下，父母的尊严必然凌驾于晚辈之上，但是如果遇到了卑劣的儿子，做父母的嘴却常常闭口不说。

子孙亦是众生，顾恋不可太深，责备不可太重；兄弟原同一体，事亲便至相让，分财便至相争。

【出处】明·徐学谟《归有园麈谈》

【解说】子孙也是普通人，关心爱护不可太过分，责备也不能太严厉；兄弟本来是同胞，可是侍奉父母的时候，便互相推让；瓜分家财的时候，便互相争执。

重资财，薄父母，不成人子。

【出处】明·朱柏庐《治家格言》

【注释】薄，刻薄对待。

【解说】看重钱财，刻薄父母，不是良家儿女。

刻薄成家，理无久享。伦常乖舛，立见消亡。

【出处】明·朱柏庐《治家格言》

【注释】享，享福。舛，chuǎn，违背。

【解说】靠刻薄无情发家的，理所当然地不能长期享用，违背伦理纲常，这个家庭很快就要败亡。

居家戒争讼，讼则终凶。

【出处】明·朱柏庐《治家格言》

【注释】争讼，纷争辩讼，此指内讧。

【解说】一个家庭，切忌内讧吵架，因为吵架不仅伤和气，还会带来凶灾。

黎明即起，洒扫庭除。

【出处】明·朱柏庐《治家格言》

【注释】庭除，庭院与台阶。

【解说】早晨天一亮就起床，起来后洒水庭院，打扫台阶。

嫁女择佳婿，毋索重聘；娶媳求淑女，勿计厚奁。

【出处】明·朱柏庐《治家格言》

【注释】聘，聘礼。奁，lián，嫁妆。

【解说】女儿出嫁，主要目的是选择一个好女婿，不要乘机索要太多的彩礼；娶媳妇主要是找一个贤惠纯洁的女子，不要计较有多少嫁妆。

江水三千里，家书十五行。行行无别语。只道早还乡。

【出处】明·袁凯《京师得家书》

【注释】别语，别的话。

夫妻本是同林鸟，大限来时各自飞。

【出处】明·冯梦龙《古今小说·蒋兴哥重会珍珠衫》

【注释】大限，指死亡的期限。

【解说】夫妻本是生活在一个树林里的一对鸟儿，等到面临死亡考验的时候，就各自飞散了。

做买卖不着只一时，讨老婆不着是一世。

【出处】明·冯梦龙《古今小说·蒋兴哥重会珍珠衫》

【注释】不着，不如意。

只愁不养，不愁不长。

【出处】明·冯梦龙《警世通言·苏知县罗衫再合》

【注释】养，指生子女。

养儿待老，积谷防饥。

【出处】明·冯梦龙《警世通言·宋小官团圆破毡笠》

不贪花酒不贪财，一世无灾无害。

【出处】明·冯梦龙《警世通言·王娇鸾百年长恨》

【注释】花，指女色。

剑老无芒，人老无刚。

【出处】明·冯梦龙《东周列国志》第三十回

【注释】芒，锋芒。

【解说】宝剑老了已失去了昔日的锋芒；人已老了失去了往日的刚强。

家丑不可外扬。

【出处】明·冯梦龙《警世通言·俞仲举题诗遇上皇》

爽口物多终作疾，快心事过必为殃。

【出处】明·冯梦龙《古今小说·新桥市韩五卖春情》

【注释】爽口，合口味。

【解说】太可口的东西吃多了最终会产生疾病；称心如意的事做得太过分了一定会成为祸殃。

儿不嫌母丑，犬不嫌主贫。

【出处】明·徐啞《杀狗记》第十六折

家有余粮鸡犬饱，户多书籍子孙贤。

【出处】明·施耐庵《水浒传》第二回

男大须婚，女大必嫁。

【出处】明·施耐庵《水浒传》第五回。

【解说】男孩子长大了应当早日结婚成家；女孩子长大了一定要早日嫁人。

家有一心，有钱买金；家有二心，无钱买针。
【出处】明·徐田臣《杀狗记》第十九折
【解说】全家人一心一意，共同努力，可以有钱买金买银；如果是三心二意，各有私心，就会没钱买针买线。

帘外轻阴人未起，卖花声里梦江南。
【出处】清·舒瞻《为朱蕴千题〈杏花春雨图〉》
【解说】竹帘外是微阴天气，屋里的人还晨睡未起；在声声卖花声中，他梦见了江南春雨杏花开。

人生难得惟知己，天下伤心是别时。
【出处】清·舒瞻《别竹田》
【解说】只有知心朋友是人生最难得的，只有离别时是天下最伤心的。

女大十八变。
【出处】清·曹雪芹《红楼梦》第七十八回。

夫妻无隔宿之仇。
【出处】清·吴敬梓《儒林外史》第二十九回
【解说】夫妻之间没有隔夜的仇恨。

妻贤夫祸少。
【出处】清·曹雪芹《红楼梦》第六十八回

【解说】做妻子的如果贤良，丈夫在外就会因此而灾祸少。

千里姻缘一线牵。
【出处】清·曹雪芹《红楼梦》第五十七回

妻不如妾，妾不如偷。
【出处】清·曹雪芹《红楼梦》第四十四回
【注释】偷，偷情。
【解说】在有些人看来，结发妻子总不如后娶的小老婆好，而小老婆又不如与别人的妻子偷情外恋的好。

清官难断家务事。
【出处】清·曹雪芹《红楼梦》第十八回

勤俭，治家之本；和顺，齐家之本；谨慎，保家之本；诗书，起家之本；忠孝，传家之本。
【出处】清·金缨《格言联璧》
【解说】勤俭是治家的根本；和顺是处理家庭关系的根本；谨慎是保守家业的根本；熟读诗书是创业起家的根本。

天下无不是底父母，世间最难得者兄弟。
【出处】清·金缨《格言联璧》
【解说】天下之人最完美无缺的是父母双亲，世间之情最难得的是骨肉兄弟。

婚而论财，究也夫妇之道丧；葬而求福，究也父子之恩绝。
【出处】清·金缨《格言联璧》

【解说】婚嫁如讲究彩礼的多少，夫妇之道最终会丧失殆尽；丧葬如乞求福穴，父子的情分终究也会断绝。

兄弟一块肉，妇人是刀锥；兄弟一釜羹，妇人是盐梅。

【出处】清·金缨《格言联璧》

【注释】刀锥：刀子和锥子，比喻割肉使之分离。盐梅：盐味咸，梅味酸，皆为调味品。

【解说】兄弟骨肉相连，而妻子是割开骨肉的刀子和锥子；兄弟同甘共苦吃的是一锅饭，而妻子正像是或酸或咸的调味品。

心术不可得罪于天地，言行要留好样儿与儿孙。

【出处】清·金缨《格言联璧》

【解说】心术不可过于狡诈而有愧于天地良心，言行要为儿孙做出良好的楷模。

现在之福，积自祖宗者，不可不惜；将来之福，贻于子孙者，不可不培。现在之福如点灯，随点则随竭；将来之福如添油，愈添愈明。

【出处】清·金缨《格言联璧》

【解说】今日的幸福来自祖宗的荫泽，不能不珍惜；未来的福泽要留与子孙享受，不可不积累。今日的福泽如同点灯，油尽灯亦灭，将来的福泽如同在灯中加油，不断地增添，灯亦越来越亮。

祖宗富贵，自诗书中来，子孙享富贵，则弃诗书矣；祖宗家业，自勤俭中来，子孙享家业，则忘勤俭矣。

【出处】清·金缨《格言联璧》

【解说】祖宗的富贵因读书而得来的，而子孙享受富贵便往往将诗书弃之不顾；祖宗创家立业从勤俭中来，但子孙享受家业则常常忘记了勤俭的美德。

至乐无如读书，至要莫如教子。

【出处】清·金缨《格言联璧》

【解说】世上没有什么事比读书更令人快乐，也没有什么事比教育好子女更重要。

雨泽过润，万物之灾也；恩崇过礼，臣妾之灾也；情爱过义，子孙之灾也。

【出处】清·金缨《格言联璧》

【解说】雨水过量则是万物的灾害；恩宠超出礼节则是臣下及妻妾的灾难；情爱超出了义理的范围则成为子孙的祸患。

人一心先无主宰，如何整理得一身正当？人一身先无规矩，如何调剂得一家肃穆？融得性情上偏私，便是大学问；消得家庭中嫌隙，便是大经纶。

【出处】清·金缨《格言联璧》

【解说】一个人如果心中没有自己的正确认识，又如何能造就出自身的公正得体？自己行为毫无约束，又如何协调好全家人的关系，使家庭成员和睦相处，有礼有节？能将自身性情上的偏私消融掉，这便是一门大学问；能将家中的不和消除掉，这也是一种真本事。

遇朋友交游之失，宜剀切，不宜游移；处家庭骨肉之变，宜委曲，不宜激烈。

【出处】清·金缨《格言联璧》

【注释】剀切：切实，果断，直言不讳。游移：飘忽不定，比喻心里迟疑不决。

【解说】和朋友交往过程中如朋友有过失，应该恳切直言，而不应该持暧昧态度；一家骨肉之间发生争端，应该委曲隐忍，而不应激烈对抗。

奴之不祥，莫过于传主人之谤语；主之不祥，莫过于信仆婢之谮言。

【出处】清·金缨《格言联璧》

【解说】奴仆最不吉祥的事莫过于传播有关主人的诽谤之语；主人最不吉祥的事莫过于听信奴仆的流言蜚语。

治家严，家乃和；居乡恕，乡乃睦。治家忌宽，而尤忌严；居家忌奢，而尤忌啬。

【出处】清·金缨《格言联璧》

【解说】严谨治家才能和睦，处事宽宏大量，乡里人才能平安相处。治家忌讳不严，但更忌讳过于苛刻；持家忌讳奢侈，但更忌讳过于吝啬。

无正经人交接，其人必是奸邪；无穷亲友往来，其家必然势利。

【出处】清·金缨《格言联璧》

【解说】没有正派人交往的，这个人必定是奸邪之徒；没有穷亲友往来的，这家人必定是势利小人。

女子无才便是德。

【出处】清·石成金《家训钞》引明人陈继儒语

寒衣针线密，家信墨痕新。

【出处】清·蒋士铨《岁暮到家》

【解说】从远方寄来的御寒衣裳针线特别密实；书信的墨痕十分清新。

暗中时滴思亲泪，只恐思儿泪更多。

【出处】清·倪瑞璿《忆母》

【解说】偷偷地不时流下思念老母亲的眼泪，怕只怕让老母知道想念儿子流的泪更多。

老来益当奋志，志为气之帅，有志则气不衰，故不觉其老。

【出处】清·申涵光《荆园进语》

【注释】益，更加。气，精力与力气。帅，统帅，指精神状态的灵魂。

【解说】人到老年时更应该发奋图强，激励其志向。志向是精力与力气的统帅；有志向则精力不衰，所以人们才不觉得他老。

养身莫善于习动。

【出处】清·颜元《习斋先生言行录·学人》

【注释】习动，经常运动。

【解说】最好的养身之道是经常运动。

休言女子非英物，夜夜龙泉壁上鸣。
【出处】清·秋瑾《鹧鸪天》
【注释】龙泉，宝剑名。
【解说】不要说女子不是作英雄的材料，请看我的宝剑夜夜在墙上闪闪发光。

情

感

关关雎鸠，在河之洲。窈窕淑女，君子好逑。

【出处】《诗经·周南·关雎》

【注释】关关，雌雄两鸟相应和鸣声。雎（jū）鸠，水鸟，即鱼鹰，雌雄有固定的配偶，古人称为贞鸟。洲，水中的陆地。窈窕，yǎo tiǎo，美好貌。逑，qiú，配偶。

【解说】一对对鱼鹰欢快地鸣叫着，在河水中的沙洲上戏耍；美丽漂亮的青春少女，是男子汉大丈夫的佳偶。

未见君子，忧心忡忡。

【出处】《诗经·召南·草虫》

【注释】忡忡，忧虑不安貌。

【解说】没有看到心上的人，不免忧心忡忡。

投我以木桃，报之以琼瑶。

【出处】《诗经·卫风·木瓜》

【注释】木桃，桃子。琼瑶，美玉。

【解说】您投给我一个木桃，我报答您一块美玉。

一日不见，如三秋兮。

【出处】《诗经·王风·采葛》

【注释】三秋，三年。

【解说】即使一天看不见自己的心上人，就好像这一天比三年还长。

之子于归，远送于野。瞻望勿及，泣涕如雨。

【出处】《诗经·邶风·燕燕》

【注释】之子，指被送女子。于归，出嫁。

【解说】心上的女子就要出嫁了，送她送到远郊的原野；她渐渐远去了，翘首眺望也看不见了，不禁流下了惜别的泪水。

耿耿不寐，如有隐忧。

【出处】《诗经·邶风·柏舟》

【注释】耿耿，烦躁不安貌。寐，睡着。

【解说】整夜里烦躁不安，难以入眠；好像是心中有隐隐的哀愁。

忧心悄悄，愠于群小。

【出处】《诗经·邶风·柏舟》

【注释】悄悄，忧愁貌。愠，怒。群小，众小人。

【解说】心中忧虑不安，闷闷不乐；是因为得罪了那些无赖小人。

是可忍也，孰不可忍也。

【出处】《论语·八佾》

【解说】这种举动若可容忍，就没有什么不可以容忍的了。

不知周之梦为蝴蝶与，蝴蝶之梦为周与。

【出处】《庄子·齐物论》

【注释】周，庄周，即庄子。与，欤，表疑问的语气词。

【解说】不知道是我在梦中变为蝴蝶呢，还是蝴蝶在梦中变为我呢。

心忧恐，则口衔刍豢而不知其味，耳听钟鼓而不知其声。

【出处】《荀子·正名》

【注释】刍豢：牛羊曰刍，犬豕曰豢。此处泛指家畜。

【解说】如果心中忧愁恐惧，那么即使嘴里吃着牛羊猪狗的美味也不知道是什么滋味，即使耳朵听着悦耳的钟鼓之声也不了解那音乐的含义。

无根而固者，情也。

【出处】《管子·戒》

【解说】没有什么根基而十分坚固的，是人的感情。

汩余若将不及兮，恐年岁之不吾与。

【出处】战国·楚·屈原《离骚》

【注释】汩，gǔ，水流迅疾貌。与，等待。

【解说】时光像流水一样逝去，我将要追不上了；又担心岁月不再等待我了。

悲莫悲兮生别离。

【出处】战国·楚·屈原

《九歌·少司命》

【解说】悲痛中最大的是活生生地彼此分别。

鸟飞返故乡兮，狐死必首丘。

【出处】战国·楚·屈原《九章·哀郢》

【注释】反，同"返"。首丘，头向山丘。据说狐死后，头必向着巢穴，眷恋它所栖息的地方。

【解说】鸟飞千里之外，终于会返回故乡的；狐狸死去时，脑袋必然要朝向栖息过的小丘。

女无善恶，入室见妒。士无贤不肖，入朝见嫉。
【出处】汉·司马迁《史记·外戚传》
【解说】女子无论长得好坏，一成为妻妾便会招来嫉妒；士大夫无论贤德与否，一成为君主的大臣也会招来嫉妒。

祸莫憯于欲利，悲莫痛于伤心。
【出处】汉·司马迁《报任上卿书》
【注释】憯，cǎn，惨。
【解说】灾祸没有比贪占利益更惨痛的；悲痛没有比伤心更难受的。

肠一日而九回。
【出处】汉·司马迁《报任少卿书》
【解说】心中的愁思像腹中的肠子纠结不开一样，这样的感觉乃至于一天内便有许多次。

盈盈一水间，脉脉不得语。
【出处】汉·无名氏《古诗十九首·迢迢牵牛星》
【注释】盈盈，水清浅的样子。脉脉，深情注视貌。
【解说】仅仅隔着一河清浅的水，两个人只能脉脉相视不能说话。

山无陵，江水为竭，冬雷震震夏雨雪，天地合，乃敢与君绝。
【出处】汉·无名氏《上邪》

【注释】竭，干枯。

【解说】当高山没有了山峰，江水已经干涸，冬天里雷声震天响，夏天里下大雪，苍天和大地贴合在一起时，我才敢与您断绝爱情关系。

结发同枕席，黄泉共为友。

【出处】汉·无名氏《古诗为焦仲卿妻作》

【解说】今天结婚时我们同床共枕，明天不在人世时，即使到了黄泉也要成为朋友。

愿得一心人，白头不相离。

【出处】汉·无名氏《白头吟》

【解说】多么希望找到一个爱情专一的人为伴侣，直到老年白头时也不彼此分离。

相去日已远，衣带日已缓。

【出处】汉·无名氏《古诗十九首·行行重行行》

【注释】"衣带句"指人日瘦。

【解说】彼此分离的日期一天天远了，衣裳的带子也一天天肥大了。

生当复来归，死当长相思。

【出处】汉·苏武《结发为夫妻》

【解说】今天分别后，如果还生活在世间，一定要早早归来团聚；如果不幸死去了，也要彼此长相思。

结发为夫妻，恩爱两不疑。欢娱在今夕，燕婉及良时。

【出处】汉·苏武《结发为夫妻》

【注释】结发，束发，本指年轻时。从此诗开始，作结婚解，也指妻子。燕婉，夫妇和好。

【解说】彼此结婚成为夫妻，今后两个人要互相恩爱不互相猜疑。欢乐的日子在今晚度过，彼此恩爱正好在这良宵美时。

痛母子之永隔，哀伉俪之生离。

【出处】汉·祢衡《鹦鹉赋》

【注释】伉俪，指夫妇。

【解说】为母亲和儿子长期分离而悲哀；为恩爱夫妻活生生分离而悲哀。

人生几何时，怀忧终年岁。

【出处】汉·蔡琰《悲愤诗》

【解说】人的一生能有多少时光，更何况一年到头经常忧心忡忡。

心思不能言，肠中车轮转。

【出处】汉·无名氏《悲歌》

【注释】车轮转，形容内心烦乱。

【解说】内心里十分思虑却不能讲出来，这思想只有在腹中像车轮一样转来转去。

愁多知夜长。

【出处】汉·无名氏《古诗十九首·孟冬寒气至》

【解说】心中多愁苦，才知黑夜长。

忧愁不能寐，揽衣起徘徊。
【出处】汉·无名氏《古诗十九首·明月何皎皎》
【解说】因为心中忧愁不能入睡，披上衣服起来在院中徘徊。

日暮途且远，游子悲故乡。
【出处】汉·无名氏《古诗》
【解说】太阳落山了，要走的路还那么遥远；流落天涯的游子怀着悲伤的情怀思念远方的故乡。

悲歌可以当泣，远望可以当归。
【出处】汉·无名氏《悲歌》
【解说】用悲伤的诗歌权当作思乡的泣泪；用登高远望权当作回到了家乡。

昼短苦夜长，何不秉烛游？
【出处】汉·无名氏《生年不满百》
【注释】秉，持。
【解说】既然白天太短，夜晚又很长；何不点上蜡烛，夜以继日地工作呢？

风萧萧兮易水寒，壮士一去兮不复还。
【出处】古诗《渡易水歌》
【注释】据《史记》载，燕子丹使荆轲刺秦王。临行送别至易水之上，荆轲好友高渐离击筑，荆轲跟着唱歌，其声悲壮无比。

【解说】风声萧萧作响，易水寒冷如冰；壮士从此一去，恐怕再不回还。

人情同于怀土兮，岂穷达而异心？

【出处】三国·魏·王粲《登楼赋》

【注释】怀土，指怀念故土。穷，困顿。达，显贵。

【解说】在怀恋家乡上人类的感情是相同的，怎么会因为贫困潦倒或者达官显宦而有所不同呢？

思君如流水，何有穷已时。

【出处】三国·魏·徐干《室思》

【注释】已，停止。

【解说】思念远方的爱人就像那滔滔不绝的流水，到何时才会有个尽头呢？

何以解忧，惟有杜康。

【出处】三国·魏·曹操《短歌行》

【注释】杜康，相传为最早造酒之人，这里代指酒。

【解说】用什么来消解心中的忧烦呢？恐怕只有这美酒了吧！

对酒当歌，人生几何？

【出处】三国·魏。曹操《短歌行》

【注释】对，对着。几何，多少。

【解说】面对欢宴中的歌诗美酒，想到人生短暂，如此欢快能有几次？

哀遐路之漫漫，痛长河之无梁。

【出处】三国·魏·曹丕《未思赋》

【注释】遐路，远路。梁，桥。

【解说】面对长路漫漫而心生哀愁；面对长河无桥而心生悲愁。

愿作东北风，吹我入君怀。

【出处】三国·魏·曹植《怨歌行》

【解说】我情愿化作那东北风，以便把我吹入你的怀抱。

愁之为物，惟惚惟恍，不召自来，推之弗往。

【出处】三国·魏，曹植《释愁文》

【解说】悲愁这个东西，如影子恍恍惚惚；你不召唤它自己来，你向往外推它它不走。

形容枯悴，忧心如醉。

【出处】三国·魏·曹植《释愁文》

【解说】形体面容如同枯萎的草木、憔悴的人们；忧愁的心境就像喝醉了酒。

抗罗袂以掩涕兮，泪流襟之浪浪。

【出处】三国·魏·曹植《洛神赋》

【注释】抗，举。袂，袖口。

【解说】举起罗衫的袖口来遮掩泪水，泪水流淌不断线打湿了衣襟。

悼良会之永绝兮，哀一逝而异乡。

【出处】三国·魏·曹植《洛神赋》

【注释】良会，美好的相会与相逢。

【解说】痛念那美好的约会永远不会再有了；悲哀的是从此一去便会各奔他乡。

嗟人生之短期，孰长年之能执。

【出处】晋·陆机《叹逝赋》

【注释】执，保持。

【解说】感叹人生的日子是这样短，有谁能够保持长命百岁。

逍遥步兰渚，感物怀古人。

【出处】晋·嵇喜《答嵇康诗》

【注释】兰渚，长满兰草的小洲。渚，zhǔ。

【解说】迈着逍遥自在的步伐走在长满兰草的小洲上；目睹眼前的景物禁不住怀念起那些前代的古贤人。

少无适俗韵，性本爱丘山。

【出处】晋·陶潜《归田园居》

【解说】自从年少时便没有顺应世俗的天性；性格上本来就喜爱高山流水。

悲晨曦之易夕，感人生之长勤。

【出处】晋·陶潜《闲情赋》

【解说】悲叹早晨的阳光很快就变成夕阳晚霞，感慨人生在世要长期勤劳奔波。

其人虽已没，千载有余情。

【出处】晋·陶潜《咏荆轲》

【解说】他这个人虽然已经不在了，但是千年以来人们对他仍怀有许多深情。

茕茕孑立，形影相吊。

【出处】晋·李密《陈情表》

【注释】茕茕，无依无靠的样子。茕，qióng。"孑"，孤单。吊，慰问。

【解说】独自孤身一人生活，只有形体和影子互相可以慰藉。

屏风有意障明月，灯火无情照独眠。

【出处】南朝·陈·江总《闺怨篇》

【解说】那屏风好像有意识地把明月光辉挡住，却让这一盏孤灯无情无义地照着我一个人在这里独眠。

两相思，两不知。

【出处】南朝·宋·鲍照《代春日行》

【解说】两个人都在彼此思念，但都不知道对方在思念自己。

宁作野中之双凫，不愿云间之别鹤。

【出处】南朝·宋·鲍照《拟行路难》

【注释】凫，野鸭。别鹤，独飞的鹤。

【解说】宁愿作那田野中成双成对的野鸭，也不愿作那云间放单飞的白鹤。

黯然销魂者，惟别而已矣。

【出处】南朝·梁·江淹《别赋》

【注释】黯，àn，心神沮丧的样子。销魂，悲伤愁苦的样子。别，离别。

【解说】最令人悲伤愁苦的，只有人生的离别。

春草碧色，春水绿波；送君南浦，伤如之何。

【出处】南朝·梁·江淹《别赋》

【注释】南浦，泛指送别之地。浦，水边。语本《楚辞·九歌·河伯》"送美人兮南浦。"

【解说】春天的青草一片碧色，春天的河水也是绿色波连波；送你来到分手的地方，此时的感伤该是如何。

人生几何？百忧俱至。

【出处】北周·庾信《伤心赋》

【解说】人的一生能有多少岁月？各种愁烦接踵而至。

一朝风烛，万古埃尘。

【出处】北周·庾信《伤心赋》

【注释】风烛，比喻人的生命艰难。

【解说】人生就像风中的蜡烛，说不定哪天早晨被吹灭，就会成为沉寂万古的泥土。

人归落雁后，思发在花前。

【出处】隋·薛道衡《人日思归》

【解说】思乡的人虽在大雁之后归乡，而思归的想法却萌发在春花开放之前。

可怜闺里月，长在汉家营。
【出处】唐·沈佺期《杂诗》
【注释】可怜，可惜。闺里，古代女子所居之室。
【解说】可惜闺房里夫妻共赏过的圆月，却总是冷清清挂在汉家军营上空。

笑揽清溪月，清辉不厌多。
【出处】唐·张旭《清溪泛舟》
【解说】微笑着揽起清溪边的宜人月色，再多的清冷月色也不嫌多。

得成比目何辞死，愿作鸳鸯不羡仙。
【出处】唐·卢照邻《长安古意》
【注释】比目，比目鱼，传说成对并游。
【解说】如果能像比目鱼那样成双成对地并游，我就不怕死了，因为死了可以变成比目鱼；宁肯作那池塘里鸳鸯，也不羡慕那神仙。

直发上冲冠，壮气横三秋。
【出处】唐·卢照邻《咏史》
【解说】耿直坚硬的头发一旦发怒，会把帽子顶起来；那豪壮之气概，可以气贯长天。

昔时金阶白玉堂，即今惟见青松在。
【出处】唐·卢照邻《长安古意》

【解说】从前这里黄金铺就的台阶、白玉石铺就的厅堂；到了今天，这里只见一棵棵青翠的松柏。

海内存知己，天涯若比邻。
【出处】唐·王勃《送杜少府之任蜀州》
【注释】海内，四海之内。存，有。比邻，近邻。比，bì。
【解说】在这世界上有你这样的知心朋友，即使我们天各一方，也会像近邻一样亲密无间。

长江悲已滞，万里念将归。况属高风晚，山山黄叶飞。
【出处】唐·王勃《山中》
【解说】浩浩长江水缓缓东流，也好像满腹愁伤；离家万里之遥，时刻思念着即刻归去。更何况此时已是晚秋季节，千山万岭到处黄叶飞舞。

故人故情怀故宴，相望相思不相见。
【出处】唐·王勃《寒夜怀友杂体》
【解说】老朋友、旧交情以及从前相聚在一起的宴饮情景久久不能忘；彼此盼望相聚，相互深情思念然而却不能相见。

谁谓波澜才一水，已觉山川是两乡。
【出处】唐·王勃《秋江送别》
【解说】谁说船儿渡过的只是一江之水，如今已经发现这里的山水与家乡已不一样了。

关山难越，谁悲失路之人；萍水相逢，尽是他乡之客。
【出处】唐·王勃《秋日登洪府滕王阁饯别序》

【解说】关山万里，艰苦跋涉，有谁可怜那些已经迷路但仍在奔波的人们；像顺水漂流的浮萍，偶然相聚，可怜啊，大家又都是沦落他乡之人。

思君如满月，夜夜减清辉。
【出处】唐·张九龄《赋得自君之出矣》
【注释】减清辉，意谓面容本若满月，因思居之故，日日减去光彩，容颜日衰。
【解说】开始思念你的时候，我的容颜还像一轮满月那样熠熠生辉；后来便一天天失去了光彩。

惟有门前镜湖水，春风不改旧时波。
【出处】唐·贺知章《回乡偶书》
【注释】镜湖，在浙江绍兴。
【解说】只有那门前的镜湖水，春风吹来时还仍旧荡起从前的波浪。

少小离家老大回，乡音无改鬓毛衰。儿童相见不相识，笑问客从何处来？
【出处】唐·贺知章《回乡偶书》
【解说】很小的时候便离开了家乡，到了老年才回来；口中的乡音虽没有改掉，但是胡子与头发已经斑白无几了。家乡的儿童看见我都不认识，嬉笑着问：这位客人您从何处来？

明朝望乡处，应见陇头梅！
【出处】唐·宋之问《题大庾岭北驿》

【注释】陇头梅，指岭上盛开的梅花。

【解说】明天早晨，在那每日里远望家乡的老地方，应该看到盛开的梅花了吧！

岭外音书断，经冬复历春。近乡情更怯，不敢问来人。

【出处】唐·宋之问《渡汉江》

【解说】多年在岭外，与家乡音书隔断，经过冬天又经过春天。如今回来了，家乡越来越近，感情上反而生出胆怯来，以至于不敢打听那迎面走来的乡人。

赖多山水趣，稍解别离情。

【出处】唐·王维《晓行巴峡》

【解说】幸好有许多游山玩水的情趣，可以稍稍解除一些离别之情。

一步一回首，迟迟向近关。

【出处】唐·王维《留别丘为》

【解说】离去的人走一步回头看一下，慢腾腾地走向附近的一处关隘。

惟有相思似春色，江南江北送君归。

【出处】唐·王维《送沈子福之江东》

【解说】只有我对你的友谊和相思与这大好春光十分相似，从江南一直把你送到江北来。

一生几许伤心事，不向空门何处销。

【出处】唐·王维《叹白发》

【注释】空门，指佛家。

【解说】人的一生会有多少伤心事，如果不向佛教倾诉，还有什么地方可以了结呢！

花迎喜气皆知笑，鸟识欢心亦解歌。

【出处】唐·王维《既蒙有罪旋复拜官伏感圣恩窃书鄙意兼奉简新除使君等诸公》

【解说】那鲜花好像了解人的心情，也在那里喜气洋洋开口笑；那小鸟好像也知道欢欣鼓舞，听懂了人们的歌唱。

相逢方一笑，相送还成泣。

【出处】唐·王维《齐州送祖三》

【解说】相逢时刚刚开心一笑，转眼到了相送之时又已泣不成声。

红豆生南国，春来发几枝？劝君多采撷，此物最相思。

【出处】唐·王维《相思》

【注释】红豆，又称相思豆，果红色，一端有黑点，人们常用以象征爱情，表示思念。这里指红豆树。撷，xié，摘。

【解说】红豆生长在南方，春天里又萌生出多少新枝？希望你多多采摘，这种东西最能引起人的相思。

人生须达命，有酒且长歌。

【出处】唐·王昌龄《长歌行》

【注释】达命，乐天知命。

【解说】人的一生十分短暂，一定要乐天知命，安分守己；有了美酒佳肴，就应轻歌曼舞，及时行乐。

闺中少妇不知愁，春日凝妆上翠楼。忽见陌头杨柳色，悔教夫婿觅封侯。

【出处】唐·王昌龄《闺怨》

【解说】久住房中的青春少妇还不晓得相思的愁苦，这一天正是大好春光，精心打扮后登上高高的青楼。不经意看见了那路边的杨柳已经泛绿，如此大好春光，真后悔教丈夫长期在外为名利而奔波。

昔人已乘黄鹤去，此地空余黄鹤楼。黄鹤一去不复返，白云千载空悠悠。

【出处】唐·崔颢《黄鹤楼》

【注释】黄鹤楼，在今湖北武昌。相传仙人王子安驾黄鹤过此，因得名。

【解说】昔日的仙人已乘黄鹤飞去，此地却留下了一座徒有虚名的黄鹤楼。黄鹤已经一去不复返了，只有那天上的白云千百年来飘来飘去。

庭树不知人去尽，春来还发旧时花。

【出处】唐·岑参《山房春事二首》

【解说】庭院中的树木因为不知道主人已经全部离开了，春天来时还开着旧日的红花。

故园东望路漫漫，双袖龙钟泪不干。马上相逢无纸笔，凭君传语报平安。

【出处】唐·岑参《逢入京使》

【注释】龙钟，指涕泪沾渍。

【解说】故乡在东方，一眼望去，山高水长，一片迷茫；纷纷落下的思乡泪已把两个衣袖弄得湿漉漉的。今天我们在路上相逢，因为都在马上，无纸又无笔，只好凭借你捎去的口信为家人报个平安。

枕上片时春梦中，行尽江南数千里。

【出处】唐·岑参《春梦》

【解说】枕头上春梦里的一会儿工夫，却走完了江南的数千里路程。

丈夫不作儿女别，临歧涕泪沾衣巾。

【出处】唐·高适《别韦参军》

【注释】临歧，临别。歧，歧路，分别之地。

【解说】大丈夫不应当临别时轻易触动那些儿女情肠，动不动就在分别的路口用泪水打湿衣裳。

醉来卧空山，天地即衾枕。

【出处】唐·李白《友人会宿》

【注释】衾，qīn，被子，特指大被。

【解说】既然喝醉了，就在空旷深山中卧床休息吧，苍天和大地就是被子和枕头。

我本楚狂人，凤歌笑孔丘。

【出处】唐·李白《庐山谣寄卢侍御虚舟》

【注释】楚狂人，指春秋时楚人接舆。孔丘至楚，接舆笑其热衷仕途，歌曰："凤兮，凤兮！何德之衰！"

【解说】我本是楚国的狂人放荡不羁，竟敢高吟"凤歌"嘲笑圣人孔子。

钟鼓馔玉不足贵，但愿长醉不复醒。

【出处】唐·李白《将进酒》

【注释】钟鼓馔玉，代指富贵荣华。馔，zhuàn，饮食。

【解说】吃着美味佳肴，听着高雅乐曲，也不足尊贵推崇；但只愿今生今世，永远酒醉梦乡而长睡不醒。

此夜曲中闻折柳，何人不起故园情。

【出处】唐·李白《春夜洛城闻笛》

【注释】折柳，古人有折柳赠别的习惯。笛调中有《折杨柳》曲。

【解说】今夜听到的曲子中有《折杨柳》，还有谁能不产生思念故园的情绪呢！

春风不相识，何事入罗帏？

【出处】唐·李白《春思》

【注释】罗帏，丝织的帐幕。

【解说】春风啊，你我素不相识，你为什么要吹进我的帐子里来呢？

正当今夕断肠处，骊歌愁绝不忍听。

【出处】唐·李白《灞陵行送别》

【注释】骊歌：古人离别时唱的歌。

【解说】恰好在今天夜晚人们伤心断肠之时，那撩人心绪的离别之歌使人愁苦万般，实在不忍心聆听。

此地一为别，孤蓬万里征。浮云游子意，落日故人情。

【出处】唐·李白《送友人》

【注释】孤蓬：喻指远去之人。蓬，即蓬草，枯后根拔，随风飘扬，故常用"蓬飘"、"蓬转"喻人到处飘零。"浮云"句，意谓友人的行踪如浮云，漂泊不定。

【解说】在此地我们一旦彼此分别，你就要像那被风吹起的孤蓬一样，跑向万里之外。看到那天上飘忽不定的白云，一定是寄予了你的几许情意；看到那西边火红的落日，恐怕你也会想起老朋友的火一样真情。

总为浮云能蔽日，长安不见使人愁。

【出处】唐·李白《登金陵凤凰台》

【注释】浮云，指皇帝身边的奸佞小人。日，指皇帝。长安，唐代都城，今陕西西安。

【解说】总是因为那些轻浮的小人能把皇帝弄得晕头转向；不能面见皇帝力陈政见使人无限惆怅。

人生得意须尽欢，莫使金樽空对月。

【出处】唐·李白《将进酒》

【注释】樽，古代的盛酒器具。

【解说】人的一生如果在得意高兴之时，一定要尽情欢乐；千万不要让酒杯闲着白白地对着月亮。

片云天共远，永夜月同孤。

【出处】唐·杜甫《江汉》

【注释】永夜，长夜。

【解说】一片白云在天边，与我一样离家遥远；漫漫长夜无眠，一轮明月与我一样孤独凄凉。

冠盖满京华，斯人独憔悴。

【出处】唐·杜甫《梦李白》

【注释】冠盖，指高冠华盖的权贵。斯人，指李白，临尽晚年还被囚放逐。

【解说】高官厚禄之人满京都到处都是，只有那李白一个人面容憔悴，郁郁不得志。

白日放歌须纵酒，青春做伴好还乡。

【出处】唐·杜甫《闻官军收河南河北》

【注释】青春：指春季。

【解说】大白天放声歌唱一定要多饮几杯酒；大好春光做伴，正是回家的好时机。

丛菊两开他日泪，孤舟一系故园心。

【出处】唐·杜甫《秋兴八首》

【注释】丛菊两开，作者在大历元年五月离开成都准备出峡，但因故滞留到次年，看到菊花开了两次。他日泪：指思乡流泪并非始于今日。

【解说】菊花开了两度，而思乡的眼泪至今仍在流淌；归去的孤舟虽然还没出发，但心情早已被故乡拴得牢牢的。

迟迟钟鼓初长夜，耿耿星河欲曙天。

【出处】唐·白居易《长恨歌》

【注释】迟迟，缓慢。钟鼓，古时以钟鼓报时，此代指时间。耿耿，明亮貌，如作"心中不安宁"解亦通。

【解说】由于思念自己的所爱之人，时间过得真慢，第一次感受到夜是如此漫长难过；星星和银河亮闪闪，多么急切地盼望天亮。

悠悠生死别经年，魂魄不曾来入梦。

【出处】唐·白居易《长恨歌》

【注释】悠悠，长久。经年，一整年。

【解说】生离死别，时间真长，已整整一年，但她的魂魄一直不曾来到梦中。

夕殿萤飞思悄然，孤灯挑尽未成眠。

【出处】唐·白居易《长恨歌》

【注释】夕殿，夜晚的宫殿。悄然，忧思貌。

【解说】入夜后，只见宫殿前萤火虫飞来飞去，不禁愁思萦绕；冷清清的一盏油灯，把灯芯都烧完了还难以入睡。

行宫见月伤心色，夜雨闻铃肠断声。

【出处】唐·白居易《长恨歌》

【注释】行宫，指帝王在京外的住所。夜雨闻铃，指唐玄宗避乱往蜀途中行经古栈道，听到铃声和着雨声，悲伤万分，于是写下了一首《雨淋铃》。句中用此事。

【解说】在行宫中看到皎洁的月色反而更加伤心；夜行中听到铃声和着雨声，肝肠寸断。

芙蓉如面柳如眉，对此如何不泪垂！

【出处】唐·白居易《长恨歌》

【注释】芙蓉，荷花。垂，落下。

【解说】洁白的荷花像她的面容，柳叶像她的修眉；面对此情此景，怎不教人落泪！

上穷碧落下黄泉，两处茫茫皆不见。

【出处】唐·白居易《长恨歌》

【注释】穷，尽，走遍。碧落，碧蓝色的天空。

【解说】向上寻遍天界，向下找遍地狱，两处茫茫无际，一直没有找到。

半死梧桐老病身，重泉一念一伤神。

【出处】唐·白居易《为薛台悼亡》

【注释】重泉，指九泉之下。

【解说】老年多病的身体就像一棵半死不活的老树；每当想起九泉之下的人，总为之伤神。

闲坐悲君亦自悲，百年都是几多时。

【出处】唐·元稹《遣悲怀》

【注释】君，指亡妻。

【解说】闲时闷坐，为你悲伤也为自己悲伤；人生百年转眼就到，我的时日恐怕也不多了。

嫁得瞿塘贾，朝朝误妾期。早知潮有信，嫁与弄潮儿。

【出处】唐·李益《江南曲》

【注释】瞿塘，即瞿塘峡，长江三峡之一。贾，gǔ，商人。期，盼望。弄潮儿，候潮戏水之人。这里指赶潮水行船的人。

【解说】嫁了个瞿塘峡商人后，天天都使我的盼望落空。早知道潮水准时，我就嫁给那弄潮儿了。

英雄一去豪华尽，惟有青山似洛中。

【出处】唐·许浑《金陵怀古》

【注释】洛中，洛阳。

【解说】许多古代英雄在金陵这座古城表演了许多豪壮的人生节目；如今这些英雄都不在了，金陵的豪华气数似已衰尽，只有四围的青山还有点与洛阳相似。

白云如有意，万里望孤舟。

【出处】唐·刘长卿《上湖田馆南楼忆朱宴》

【解说】假如白云也有情意的话，即使你到了万里之外，也还会为我望着你那远去的孤舟。

东边日出西边雨，道是无晴却有晴。

【出处】唐·刘禹锡《竹枝词》

【注释】晴，谐音"情"。

【解说】东边太阳出来了西边还下着雨，你说是"无晴"却还有点"晴"。

花红易衰似郎意，水流无限似侬愁。

【出处】唐·刘禹锡《竹枝词九首》

【注释】侬，女子自称。

【解说】红红的花朵容易落去那是你爱我的情意；一去不复返的东流水那是我担心你薄情的哀愁。

山围故国周遭在，潮打空城寂寞回。淮水东边旧时月，夜深还过女墙来。

【出处】唐·刘禹锡《石头城》

【注释】故国，犹言故都。周遭，环绕。淮水，指秦淮河。女墙，城上短墙。

【解说】石头城四周被崇山峻岭包围着，长江的波浪冲到城墙下又悄悄地退回去了。淮水东岸那千古以来的月光，在夜色深沉时又照进了古城。

朱雀桥边野草花，乌衣巷口夕阳斜。旧时王谢堂前燕，飞入寻常百姓家。

【出处】唐·刘禹锡《乌衣巷》

【注释】朱雀桥，为秦淮河上浮桥，东晋时建。乌衣巷，故址在今南京市秦淮河之南。晋南渡后，王、谢等大家族居此巷。

【解说】旧时的朱雀桥边长满了野草和野花，乌衣巷出口笼罩在黄昏夜色中，从前经常出入王、谢贵族大院的小燕子，如今都飞入了寻常百姓家。

兴废由人事，山川空地形。《后庭花》一曲，幽怨不堪听。

【出处】唐·刘禹锡《金陵怀古》

【注释】后庭花，即《玉树后庭花》，南朝陈后主所作曲，被认为是亡国之音。

【解说】王朝的兴盛与废弃本是因为人的因素而造成，并非与山川险要、地势优劣相关。听罢那陈后主所做的《后庭花》，其中许多深深的哀怨令人不忍再听。

清江一曲柳千条，二十年前旧板桥。曾与美人桥上别，恨无消息到今朝。

【出处】唐·刘禹锡《杨柳枝》

【注释】美人，美好的人。

【解说】清江边上一曲离别歌，弥望杨柳万千条，还是二十年前走过的旧板桥。我和她曾在桥上依依惜别，可恼恨的是至今没有她的消息。

乔木展旧国之思，行云有故山之恋。

【出处】唐·刘禹锡《谢裴相公启》

【注释】乔木，典出《孟子·梁惠王下》："所谓故国者，非谓有乔木之谓也，有世臣之谓也。"故后世常以乔木寄寓故国之思。行云，流动的云，喻在外的人。

【解说】一看到乔木，就生出家乡的想法；一看到流云，就想到自己的行踪。

海畔尖山似剑芒，秋来处处割愁肠。若为化作身千亿，散上峰头望故乡。

【出处】唐·柳宗元《与浩初上人同看山寄京华亲故》

【注释】尖山，柳州一带，山多耸削壁立，像剑锋。芒，锋芒。

【解说】海边上的山峰看上去一个个都是一把刀锋；每到秋天便来割弄我思念家乡的衷肠。如果能把自己的身体分解成千万个，要分别登上那高高的山顶来远望我的故乡。

客舍并州已十霜，归心日夜忆咸阳。无端更渡桑干水，却望并州是故乡。

【出处】唐·贾岛《旅次朔方》

【注释】并州，今山西太原。咸阳，今属陕西省，这里指京城长安。桑干水，永定河上游。

【解说】在并州已经客居了十年，归心似箭，几乎日日夜夜想念家乡长安。今天无缘无故又渡过桑干水，却又错把并州当作是家乡。

野夫怒见不平事，磨损胸中万古刀。

【出处】唐·刘叉《偶书》

【注释】野夫，作者自称。

【解说】我这村野匹夫一看到人间不平事，便会怒发冲冠；把藏在心中的大刀磨了一遍又一遍。

遥望齐州九点烟，一泓海水杯中泻。

【出处】唐·李贺《梦天》

【注释】齐州，指中国。九点，古代谓中国为九州，九州之外是大海。一泓，一片。

【解说】远看中国九州就像九点烟尘，深深的海水就像从杯中倒出一样。

断送一生惟有酒，寻思百计不如闲。

【出处】唐·韩愈《遣兴》

【注释】断送，打发。

【解说】打发一生日子的办法只有喝酒；思前想后，纵有千条妙计。也不如清闲无事。

碧山终日思无尽，芳草何年恨即休。

【出处】唐·杜牧《登九峰楼寄张祜》

【注释】碧山，作者曾与张祜同游碧山。"芳草"句，意谓芳草连天，益增离别之恨。

十年一觉扬州梦，赢得青楼薄幸名。

【出处】唐·杜牧《遣怀》

【注释】青楼，指妓院。薄幸，负心，薄情。

【解说】十多年了，在扬州的人生大梦才刚刚觉醒；最终只是在这红粉之地，留下个薄情郎的名称。

江东子弟多才俊，卷土重来未可知。

【出处】唐·杜牧《题乌江亭》

【解说】当年江东的楚国年轻人有许多豪杰英雄人士，如果项羽不刎颈自杀，回到江东老家重整旗鼓，说不定会卷土重来，打败刘邦。

假如三万六千日，半是悲哀半是愁。

【出处】唐·杜牧《寓题》

【解说】假如一个人能活一百岁，就是三万六千日；这其中定会有一半是悲哀一半是忧愁。

情多最恨花无语，愁破方知酒有权。

【出处】唐·郑谷《中年》

【注释】"愁破"句，常言酒能解愁，故谓酒有权。

【解说】多情的时候最恼恨的是红花无语；解除忧愁后才知道喝酒最有效。

尽日问花花不语，为谁零落为谁开。

【出处】唐·严恽《落花》

【解说】一整天在那里盘问那盛开的红花，可那红花就是不回答：你是在为谁凋谢又为谁盛开呢？

泪眼描容易，愁肠写出难。

【出处】唐·薛媛《写真寄外》

【解说】流泪的双眼，描写起来比较容易；心中的愁烦，描写起来就不容易。

一叫千回首，天高不为闻。

【出处】唐·李商隐《哭刘司户》

【解说】杜鹃鸟一声啼叫，引得人千万次回首；可惜苍天太高，此声不为所闻。

远书归梦两悠悠，只有空床敌素秋。

【出处】唐·李商隐《端居》

【注释】素秋，素净清雅的秋天。

【解说】远方的书信和回家的美梦都没有了，只有这张空床伴着我度过这寒冷的清秋。

夕阳无限好，只是近黄昏。

【出处】唐·李商隐《乐游原》

【解说】夕阳西下时景色无限美好，可惜的是黄昏即将到来。

如何四纪为天子，不及卢家有莫愁。

【出处】唐·李商隐《马嵬》

【注释】四纪，古年以十二年为一纪。玄宗在位四十五年将近四纪。"不及"句，意谓玄宗在马嵬坡与杨贵妃死别，不及民间夫妻，能长期相守。莫愁，古洛阳女子，嫁为卢家妇。

三百年间同晓梦，钟山何处有龙盘？

【出处】唐·李商隐《咏史》

【注释】三百年间，自东吴孙权在南京称帝至南朝阵亡，共三百余年，三百举其成数；其间六朝相继沦亡，有如晓梦。"钟山"句，意谓形胜难凭。钟山，即紫金山，在南京市东。

【解说】三百年的时间就像清晨的梦境一样短暂，紫金山哪处是虎踞龙盘的要塞呢？

身无彩凤双飞翼，心有灵犀一点通。

【出处】唐·李商隐《无题二首》

【注释】灵犀，旧说中犀牛角有白纹如线，直通两头。此处比喻两心相通。

【解说】我们在形体上不能像彩凤那样比翼双飞，但在心里却彼此情投意合，心心相通。

刘郎已恨蓬山远，更隔蓬山一万重。

【出处】唐·李商隐《无题四首》

【注释】刘郎，指东汉时刘晨。传说刘晨与阮肇同入天台山采药，遇两仙女，成为眷属，被留半年。两人回家后，仙凡相隔，无缘再见。蓬山，泛指仙山。

【解说】刘郎当年已深深痛恨蓬山太远，如今你我阻隔不能相见，这期间大概有一万重蓬山。

春心莫共花争发，一寸相思一寸灰。

【出处】唐·李商隐《无题四首》

【注释】春心，男女相爱之心。

【解说】男女相爱的春心不要和春花争相萌发开放，因为每一段相思之情最终都会像灰烬一样化为乌有。

何当共剪西窗烛，却话巴山夜雨时。

【出处】唐·李商隐《夜雨寄北》

【解说】什么时候我们共同在西窗之下剪烛夜话，谈论起我今天独自在巴山夜雨思念你的情景。

芭蕉不展丁香结，同向春风各自愁。

【出处】唐·李商隐《代赠二首》

【解说】芭蕉树还没有舒展开来，丁香花已经谢落；它们共面对着撩人的春风各自发愁。

春蚕到死丝方尽，蜡炬成灰泪始干。

【出处】唐·李商隐《无题》

【注释】丝，谐音"思"。此以蚕丝象征情思。泪，以蜡烛燃烧时油脂流溢，称烛泪。

【解说】春蚕直到死时，其"丝"方吐尽；蜡烛燃烧完了其烛泪才能流干。

嫦娥应悔偷灵药，碧海青天夜夜心。

【出处】唐·李商隐《嫦娥》

【解说】那月中的美女嫦娥到如今恐怕也有些后恨了，不该偷食那升天得道的仙药；那蓝蓝的大海，青青的天空和如水的月光，该是她的一片冰心吧！

君恩如水向东流，得宠忧移失宠愁。

【出处】唐·李商隐《宫词》

【解说】君主的恩宠就像那东流水一样飘忽不定，获得恩宠时担心会移转，失去宠爱时更加忧愁。

相见时难别亦难，东风无力百花残。

【出处】唐·李商隐《无题》

【解说】相见的机会太难了，因此分别时也十分为难；就像那春风已经无力，夏日又快来临一样，百花自然要纷纷凋谢。

蝴蝶梦中家万里，杜鹃枝上月三更。

【出处】唐·崔涂《春夕旅怀》

【注释】蝴蝶梦，即梦，用庄子梦蝶典故。杜鹃，鸟名，其啼声哀切，牵动旅客归思。

【解说】睡梦中的家乡还在万里之外，树上的杜鹃悲啼声已坚持到月上中天，夜里三更。

一掷千金浑是胆，家无四壁不知贫。

【出处】唐·吴象之《少年行》

【注释】浑，全。

【解说】每次花钱都是千两黄金以上，全身都是侠肝义胆；即使没有房子住也

不觉得贫穷。

须愁春漏短，莫诉金杯满。遇酒且呵呵，人生能几何！

【出处】五代·前蜀·韦庄《菩萨蛮》

【注释】呵呵，笑声。

【解说】应该不忘春天的夜晚是十分短暂的，不要计较酒杯回回斟满。遇到酒友暂且行乐饮酒，人的一生又能有多长时间呢！

人面不知何处去，桃花依旧笑春风。

【出处】唐·崔护《题都城南庄》

【解说】去年见到的那位美貌姑娘，如今不知哪里去了；只有桃花今年还在春风里含笑怒放。

一行书信千行泪，寒到君边衣到无？

【出处】唐·陈玉兰《寄夫》

【解说】我每写一行字就泪落千行，想必你那里天气已经寒冷了，我寄去的寒衣收到了没有。

可怜无定河边骨，犹是春闺梦里人！

【出处】唐·陈陶《陇西行》

【注释】无定河，黄河支流，在陕西北部。春闺，古代妇女的住房，这里代指战士之妻。

【解说】可怜啊，埋在无定河边的战士的白骨，还时时成为闺房里妻子梦中的活人啊！

梧桐树，三更雨，不道离情正苦。一叶叶，一声声，空阶滴到明。

【出处】唐·温庭筠《更漏子》

团圆莫作波中月，洁白莫为枝上雪。

【出处】唐·温庭筠《三洲词》

【解说】相恋的男女团圆再聚时不要像水中月那样躲躲闪闪；彼此纯洁的感情不要像那枝头的雪花经不起风吹日晒。

梳洗罢，独倚望江楼。过尽千帆皆不是，斜晖脉脉水悠悠，肠断白蘋洲！

【出处】唐·温庭筠《望江南》

【解说】小女子梳洗打扮完毕，独自一人靠在望江楼上。眼前驶过的千万艘航船上都没有昼思夜想的心上人，只有那西下的夕阳散发着一丝温情，长江水依然东流，此时人在白蘋洲上已痛苦悲伤万分。

要休且待青山烂，水面上秤锤浮，直待黄河彻底枯。

【出处】唐·无名氏《菩萨蛮》

【解说】要想停止婚姻和爱情，除非等到青山崩溃，铁秤砣在水面上漂，黄河水彻底干枯。

经过此地无穷事，一望凄然感废兴。

【出处】唐·刘沧《咸阳怀古》

【解说】旅途上偶然路过这个地方，不期然想起了许多古今故事；抬头眺望这咸阳古城，不禁使人顿生兴废沧桑之感怀。

尽道隋亡为此河，至今千里赖通波。若无水殿龙舟事，共禹论功不较多。

【出处】唐·皮日休《汴河怀古》

【注释】此河，指大运河，北起北京，南至杭州。水殿龙舟，指隋炀帝开运河下江南游乐。禹，夏禹，以治水著称于史。

【解说】都说隋朝灭亡是因为这条大运河，但是南北往来交通到今天都依赖这条河。假使隋炀帝当年没有兴建离宫、歌舞升平的那些愚蠢事，那他的功劳可以比得上古代的大禹。

谁家独夜愁灯影，何处空楼思月明。

【出处】唐·柳中庸《听筝》

【解说】那是何人之家，一盏孤灯独发亮；今宵身在何处，独守空楼对月明。

川原惟寂寞，歧路自纵横。

【出处】唐·卢纶《秋晓霁后野望忆夏侯申》

【解说】河水与平原只有寂寞空灵，交叉路口在眼前分别向南北西东。

寂寞空庭春欲晚，梨花满地不开门。

【出处】唐·刘方平《春怨》

【解说】空空荡荡，寂寞无声的庭院，春夜即将过去，红日即将东升；地上落满了雪白的梨花，看样子主人还没有起床开门。

落叶他乡树，寒灯独夜人。

【出处】唐·马戴《灞上秋居》

【解说】他乡的树木已纷纷落叶，寒冷的夜晚孤灯伴照天涯游人。

人寂寂，叶纷纷，才睡依前梦见君。

【出处】五代·前蜀·韦庄《天仙子》

【解说】别人都进入梦乡了，树叶纷纷落地。刚刚入睡后便接着做先前梦见你的美梦。

江雨霏霏江草齐，六朝如梦鸟空啼。无情最是台城柳，依旧烟笼十里堤。

【出处】五代·前蜀·韦庄《台城》

【解说】江上的小雨正霏霏降落，江边的青草十分茂盛，六朝的陈迹已如梦中，只有百鸟啼鸣声。最无情的是那台城的柳树，依旧像从前那样，摇曳在烟水苍茫的十里长堤中。

谁道闲情抛弃久？每到春来，惆怅还依旧。

【出处】五代·南唐·冯延巳《鹊踏枝》

【解说】是谁说这闲时的感情早已经抛弃了。每年春天到来，心情还是那般惆怅。

日高犹自凭朱栏，含嚬不语恨春残。

【出处】五代·前蜀·韦庄《浣溪沙》

【注释】嚬，同"颦"，皱眉。

【解说】太阳升起了很高，还一个人在那里独倚红色栏杆；双眉紧锁，默默无语，感叹春天又将过去。

休相问，怕相问，相问还添恨。

【出处】五代·前蜀·毛文锡《醉花间》

【解说】不要去探问，怕人家探问，因为一探问，还会增添许多恼恨。

多情只有春庭月，犹为离人照落花。

【出处】南唐·张泌《寄人》

【解说】只有春天庭院里的明月还这么多情，还照着有情人曾共同观赏过的落花。

细雨梦回鸡塞远，小楼吹彻玉笙寒。

【出处】五代·南唐·李璟《浣溪沙》

【注释】鸡塞：即鸡鹿塞，汉朝的边塞。此代指边远地区。

【解说】在细雨蒙蒙中，一场美梦把我从边远地方送回家乡；醒来时，发现自己还在小楼中，有人在吹奏一曲幽怨的笙歌，直到天明。

留连光景惜朱颜。黄昏独倚栏。

【出处】五代·南唐·李煜《阮郎归》

【解说】珍惜这大好时光，更珍惜如花似玉的容颜。黄昏的时分，独自一人来到楼头，倚栏眺望，不觉黯然生愁。

知我意，感君怜，此情须问天。
【出处】五代·南唐·李煜《更漏子》
【解说】了解我的心意，你的相爱令人感动，这深情只有上天才知道。

问君能有几多愁，恰似一江春水向东流。
【出处】五代·南唐·李煜《虞美人》
【解说】问你的愁苦能有多少，恰好似一江春水滔滔向东流。

往事只堪哀，对景难排。
【出处】五代·南唐·李煜《浪淘沙》
【解说】过去的许多事情已经过去了，如今只有悲哀的情分了；面对此情此景，这种悲哀的心情真难以排遣。

叹人生里，难欢聚，易离别。且莫辞沉醉，听取《阳关》彻。
【出处】宋·寇准《阳关引》
【注释】阳关，曲调名，又名《渭城曲》，为送别曲。彻，深透，透彻。
【解说】可叹人的一生当中，最难得的是欢聚团圆，最容易碰到的就是离别。今日一定要开怀畅饮，一醉方休，听听那动人心脾的《阳关》古曲。

春山无限好，犹道不如归。
【出处】宋·范仲淹《子规》

【解说】春日的山色真是美丽极了，还有人说不如早点回家。

黯乡魂，追旅思。夜夜除非，好梦留人睡。

【出处】宋·范仲淹《苏幕遮》

【解说】使人黯然神伤的乡愁，整日里追着旅居在外人的思绪。除非是每天晚上有好梦，把人留在沉睡中。

明月楼高休独倚，酒入愁肠，化作相思泪。

【出处】宋·范仲淹《苏幕遮·怀旧》

【解说】月光如水，楼台高高，千万别一个人独处；一点酒落入愁苦的肚中，便会化作千万滴相思泪。

相看犹不足，何况是长捐。

【出处】宋·梅尧臣《悼亡》

【注释】长捐，即长逝。捐，弃。

【解说】活着的时候互相看着还感到不足，更何况是从此一个生一个死生离死别呢？

不见故人弥有情，一见故人心眼明。

【出处】宋·徐积《赠黄鲁直》

【注释】弥，更加。

【解说】看不到老朋友彼此的感情更加深厚；看到了老朋友顿时心明眼亮。

胸是襞积千般事，到得相逢一语无。

【出处】宋·尤袤《寄友人》

【注释】襞积，原指衣裙上的褶子，此处引申为内心的纠葛。襞，bì。

【解说】胸中积攒着千千万万个纠葛本待相逢时一吐为快；但是真到了相逢的时候却一句话也说不出来。

天不老，情难绝。心似双丝网，中有千千结。

【出处】宋·张先《千秋岁》

【解说】只要苍天还没有老去，这种情感便难断绝；心中好像有许多张网，打着千万个情感的结。

沉恨相思，不如桃杏，犹解嫁东风。

【出处】宋·张先《一丛花》

【解说】深深地痛恨那个每日里相思的人，还不如那桃花和杏花，还知道到时候嫁给那浩荡的东风。

人意共怜花月满，花好月圆人又散。

【出处】宋·张先《木兰花》

【注释】怜，爱怜。

【解说】人们都愿意看到花好月圆的美满；可一旦花好月圆之后人们又会彼此分离四散。

时人不识余心乐，将谓偷闲学少年。

【出处】宋·程颢《春日偶成》

【解说】当今的许多人不知道我心中欢乐高兴，恐怕还要说我闲来无事偷学少年在玩耍。

满目山河空念远，落花风雨更伤春。

【出处】宋·晏殊《浣溪沙》

【解说】满眼的河山在面前，还在那里空想远处家乡的河山；风雨交加，落花无数，更教人惜昔伤春。

一向年光有限身。等闲离别易销魂。酒筵歌席莫辞频。

【出处】宋·晏殊《浣溪沙》

【解说】多年来就凭着这老去年迈的躯体闯荡人生。说着说着就要分别真叫人伤感万分。在这作别的筵席间，一定要频频举杯，借酒销魂。

明月不谙离恨苦，斜光到晓穿朱户。

【出处】宋·晏殊《蝶恋花》

【注释】谙，懂得。

【解说】明月不了解人在离别后的万千愁苦，整整一个夜晚，银白的月光一直斜照进大红门内。

昨夜西风凋碧树。独上高楼，望尽天涯路。

【出处】宋·晏殊《蝶恋花》

【解说】昨夜西风阵阵，吹落了万千绿叶。独自一人登上高楼，望啊，望啊，天边的大路看不到尽头。

楼头残梦五更钟，花外离愁三月雨。

【出处】宋·晏殊《玉楼春》

【解说】楼中人相思的美梦在五更钟鼓声中惊醒，站在花前，三月的小雨不停地下着，更加使人陷入分别后的愁苦。

无情不似多情苦，一寸还成千万缕。

【出处】宋·晏殊《木兰花》

【解说】无情的人怎么能像多情的人那么苦呢，片刻的相思就足有千丝万缕。

天涯地角有穷时，只有相思无尽处。

【出处】宋·晏殊《玉楼春》

【解说】苍天犹有边际，大地有尽头；只有相思之情无边无际。

月好漫成孤枕梦，酒阑空得两眉愁。此时情绪悔风流。

【出处】宋·晏殊《浣溪沙》

【解说】月色美好，却难成孤枕美梦；酒席散后，空留下眉间忧愁。这时的情绪，真是后悔那些风流韵事。

无穷无尽是离愁，天涯地角寻思遍。

【出处】宋·晏殊《踏莎行》

【解说】无穷无尽的是那分离之后的愁苦；即使是天涯海角也都被思念个千万遍。

我住长江头，君住长江尾。日日思君不见君，共饮长江水。

【出处】宋·李之仪《卜算子》

【注释】长江头，指长江上游。长江尾，指长江下游。

不见又思量，见了还依旧。为问频相见，何似长相守。

【出处】宋·李之仪《谢池春》

【注释】为，因此。频，频繁。

有情不管别离久，情在相逢终有期。
【出处】宋·晏几道《秋蕊香》
【解说】只要有感情不管分离多久，相逢的日子终究会来，那时才显出深情厚谊。

相思本是无凭语，莫向花笺费泪行。
【出处】宋·晏几道《鹧鸪天》
【解说】深切的相思本来是不必凭借语言的，不要把眼泪洒在写信的纸上。

衣上酒痕诗里字，点点行行，总是凄凉意。
【出处】宋·晏几道《蝶恋花》
【解说】衣服上的酒痕和诗文里的字迹，点点酒痕和行行文字，总含有无限凄凉的意蕴。

真个别离难，不似相逢好！
【出处】宋·晏几道《生查子》
【解说】真是这样，分别太难了；真不及那相逢相见的好！

万水千山迷远近，想乡关何处？自别后，风亭月榭孤欢聚。
【出处】宋·柳永《安公子》
【解说】是那万水千山使人不知道是远还是近，想不出家乡还在何处？自从告别家乡以后，亲人们只能在风月无边的亭台楼榭中独自欢聚。

不忍登高临远，望故乡渺邈，归思难收。叹年来踪迹，何事苦淹留。

【出处】宋·柳永《八声甘州》

【解说】不敢再去登高望远，因为故乡在千里之外，归去的想法一时难以回收。感叹这些年来的行踪足迹，究竟为了什么，苦苦地在他乡奔波滞留。

想佳人，妆楼颙望，误几回、天际识归舟。

【出处】宋·柳永《八声甘州》

【解说】遥想那美好的人，在妆楼久久眺望，几次都错认了天边的归舟。

都门怅饮无绪，留恋处，兰舟催发。执手相看泪眼，竟无语凝噎。

【出处】宋·柳永《雨霖铃》

【解说】在城门外的酒店里与朋友们饮了许多离别酒，而且没完没了；彼此正在留恋畅谈之际，出发的船已经开始喊人了。朋友们手拉着手，用彼此含泪的目光告别，竟至半天没有一句话，只有流泪哽咽。

此去经年，应是良辰好景虚设。便纵有千种风情，更与何人说？

【出处】宋·柳永《雨霖铃》

【解说】从此分别离去，多少年后才能相见，这期间即使有多少良辰美景都是形同虚设。即便心中有一千种风流情怀，还能向谁去说呢？

竟不成眠，一夜长如岁。

【出处】宋·柳永《忆帝京》

【解说】到头来也没睡着，这一夜时间就好像一年那样漫长。

衣带渐宽终不悔，为伊消得人憔悴。

【出处】宋·柳永《蝶恋花》

【注释】伊，指意中人。消，值。

【解说】衣服一天天肥大了，系腰的带子也一天天长了，但是始终没有后悔，为了那个人值得如此辛苦憔悴。

一日不思量，也攒眉千度。

【出处】宋·柳永《昼夜乐》

【注释】攒，cuán，紧皱。千度，千次。

【解说】即使有一天不去想念，这一天之内也会紧锁眉头千百次。

系我一生心，负你千行泪。

【出处】宋·柳永《忆帝京》

【解说】把我一生一世的心都拴住了，对不起你为我流下的千行泪。

最是西风吹不断，心头往事歌中怨。

【出处】宋·舒亶《蝶恋花》

【解说】最难以忍受的是，那冷冷秋风吹不断心中的许多往事，那歌中的无限幽怨。

.

早知不入时人眼，多买燕脂画牡丹。

【出处】宋·李唐《题画》

【解说】如果早知道所作所为不合当前的世俗，不如多买些媚俗的脂粉画那常见的牡丹。

柳丝无赖舞春柔，不系离人只解系离愁。

【出处】宋·程垓《虞美人》

【解说】柳丝在那里舞动千般温柔，不能把离去的人拴住，却只知道把我的离愁套牢。

行云犹解傍山飞，郎行去不归。

【出处】宋·欧阳修《阮郎归》

【解说】那山间的流云还知道依山而走，可郎君却一去不回还。

聚散苦匆匆，此恨无穷。今年花胜去年红，可惜明年花更好，知与谁同？

【出处】宋·欧阳修《浪淘沙》

【解说】欢聚与散去都很苦恼，是因为都太匆忙，这种遗恨真是无穷无尽。今年的百花比去年开得红，最可惜，如果明年花更好，那时候有谁知道，会与谁在一起赏花呢？

尊前拟把归期说，欲语春容先惨咽。人生自是有情痴，此恨不关风与月。

【出处】宋·欧阳修《玉楼春》

【解说】酒杯前正要把回来的时间议定，没等开口说话却早已是泪流满面，哽咽不成声了。人的一生自然也有痴情的时候，这样的遗憾与风花雪月没啥关系。

离歌且莫翻新阕，一曲能教肠寸结。

【出处】宋·欧阳修《玉楼春》

【解说】送别的歌声暂且不要再唱第二遍了，只是第一遍就能使人柔肠寸断。

风月无情人暗换，旧游如梦空肠断。

【出处】宋·欧阳修《蝶恋花》

【解说】风光与日月的交替太无情了，这期间有多少人已来去匆匆，往日的好朋友只能在梦中相见，徒然使人增加悲凉。

多情翻却似无情，赢得百花无限妒。

【出处】宋·欧阳修《玉楼春》

【解说】多情的人看上去却像无情似的，即便如此，也会招来他人的百般嫉妒。

夜长春梦短，人远天涯近。

【出处】宋·欧阳修《千秋岁》

【解说】黑夜太长了，而情人相聚的美梦却太短；心上人如果在远方，与之相比，即使天涯也是近的。

别后不知君远近，触目凄凉多少闷。

【出处】宋·欧阳修《玉楼春》

【解说】自从分别之后，不知道你在什么地方，是远是近；

因此目中所见的一切都是那么凄凉，那么苦闷。

离愁渐远渐无穷，迢迢不断如春水。

【出处】宋·欧阳修《踏莎行》

【解说】分别的愁苦时间越长越是无穷无尽，远远地奔腾而来，就像那春天的江水一样。

寸寸柔肠，盈盈粉泪，楼高莫近危阑倚。平芜尽处是春山，行人更在春山外。

【出处】宋·欧阳修《踏莎行》

【解说】一节节柔情，一滴滴粉泪，身在高楼，千万不要再去高高的围栏边站立。莽莽平原，一片荒草，到处都是春天的山光水色；那远行的人此时却早已在这春山之外了。

白发戴花君莫笑，《六幺》、《催拍》盏频传，人生何处似尊前？

【出处】宋·欧阳修《浣溪沙》

【注释】六幺，唐时琵琶曲名，亦作绿腰。催拍，曲牌名。盏，指酒杯。

【解说】满头白发却戴着红花，请你不要嘲笑；一个曲子接着一个曲子，停杯换盏不休闲。人的一生中，还有什么能比得酒杯前的乐趣呢？

夜闻归雁生乡思，病入新年感物华。

【出处】宋·欧阳修《戏答元珍》

【注释】物华，自然景物。

【解说】每天夜里，听到归去的雁叫声便油然生起思乡情；在病患中，走进新的一年，面对自然界的千变万化，不免感慨系之。

月上柳梢头，人约黄昏后。

【出处】宋·欧阳修《生查子》

【解说】月亮上了柳树梢，情人相约黄昏后。

千里虽共照，安知夜夜心。

【出处】宋·欧阳修《夜夜曲》

【解说】相隔千里虽同受月光照耀，可怎知夜夜都有什么样的心情。

人言落日是天涯，望极天涯不见家。

【出处】宋·李觏《乡思》

【解说】人们都说落日的地方是天的尽头，但是为什么望尽天涯还看不见家。

十年亲友半零落，回首旧游成古今。

【出处】宋·王安石《次韵张子野竹林寺》

【解说】十多年来，亲戚朋友多半都四散飘零，回想起来有许多老朋友已成为作古之人。

胜地几经兴废事，夕阳偏照古今愁。

【出处】宋·王安国《题滕王阁》

【注释】胜地，指滕王阁，故址在今江西省南昌市。

【解说】千古名胜曾经历多少朝代兴衰，一缕夕阳偏偏关照古今悲秋。

无情汴水自东流，只载一船离恨、向西州。

【出处】宋·苏轼《虞美人》

【注释】汴水，指隋代所开通济渠，又称汴河，汴渠。今仅残存江苏泗洪境内一段。

【解说】那无情无义的汴水仍然执意地东流而去，只载着一船离恨，流向那西州。

寄我相思千点泪，流不到、楚江东。

【出处】宋·苏轼《江神子·恨别》

【解说】把我这相思的泪水一齐捎去吧，虽然明知道流不到楚江东便会烟消云散。

古今如梦，何曾梦觉？但有旧欢新怨。

【出处】宋·苏轼《永遇乐》

【解说】古往今来就像一场梦，又有谁曾经梦醒了呢？但只见人世间到处是新欢旧怨。

寄蜉蝣于天地，渺沧海之一粟；哀吾生之须臾，羡长江之无穷。

【出处】宋·苏轼《前赤壁赋》

【注释】蜉蝣，细小的飞虫，生存的时间很短。渺沧海之一粟，像大海里一粒粟米那么渺小。须臾，yú，片刻。

【解说】像蜉蝣一样把生命寄放在天地间，像大海中的一粒米那样渺小。悲叹自己生命的短暂，羡慕长江的无尽无穷。

大江东去，浪淘尽，千古风流人物。
【出处】宋·苏轼《念奴娇·赤壁怀古》
【解说】长江水滔滔向东流去，千层波浪把那千古以来的多少英雄人物冲得一干二净。

江山如画，一时多少豪杰。
【出处】宋·苏轼《念奴娇·赤壁怀古》
【解说】大好河山，美如画中，那时有多少英雄豪杰之士活跃在中原大地上。

从来佳茗似佳人。
【出处】宋·苏轼《次韵曹辅寄壑源试焙新芽》
【注释】佳茗，好茶。
【解说】自古以来品好茶就像欣赏美貌女子一样令人心旷神怡。

惊起却回头，有恨无人省。拣尽寒枝不肯栖，寂寞沙洲冷。
【出处】宋·苏轼《卜算子·黄州定慧院寓居作》
【解说】像那飞鸟被人惊飞奋起，却一再回头；心中有万千遗憾，却没有人明白了解。挑选了一棵又一棵寒冷的枝头不肯落下安家，只好来到这沙滩之上，忍受这寂寞与凄寒。

飘飘乎如遗世独立，羽化而登仙。
【出处】宋·苏轼《前赤壁赋》

【解说】饮酒后顿觉飘飘然，身体好像长了翅膀要飞起来成为仙人，真有独立苍天把大地抛下不管的豪迈气派。

莫听穿林打叶声，何妨吟啸且徐行。竹杖芒鞋轻胜马，谁怕？一蓑烟雨任平生。

【出处】宋·苏轼《定风波》

【注释】穿林打叶声，指雨声。芒鞋，草鞋。任平生，听任人生自然。

【解说】不要害怕那风雨穿过森林打在枝叶上的声音，即使来雨了又怎么样，我照样吟诗作赋，漫步徐行。竹拐杖和草鞋比骑马还轻松愉快。谁还怕这点风雨，身披一件草蓑衣，听任风风雨雨过去这一生。

谁道人生无再少？门前流水尚能西，休将白发唱黄鸡！

【出处】宋·苏轼《浣溪沙》

【注释】西，向西流。因为人们通常认为流水只能向东流，不能向西，因有此叹。白发、黄鸡，通常用以比喻时光易逝，人生易老。

【解说】谁说人生不能恢复青春？你看那门前的溪水都能回头西流。不要因为头上长出白发就悲叹时光易逝、人生易老。

别后与谁同把酒，客中无日不思家。

【出处】宋·苏轼《寄高令》

【解说】分别后你与谁经常在一起推杯换盏，客居他乡的我没有一天不想念家。

十年生死两茫茫。不思量，自难忘！

【出处】宋·苏轼《江城子·己卯正月二十日夜记梦》

【解说】十年了，生的和死的彼此音信全无，茫然不知。即使不去思想，又怎么能忘记呢！

不应有恨，何事长向别时圆？

【出处】宋·苏轼《水调歌头》

【注释】何事，为什么。向，在。

【解说】月亮不会对人们有什么怨恨吧，可为什么偏要在人们离别时团圆呢？

天下之乐无穷，而以适意为悦。

【出处】宋·苏辙《武昌九曲亭记》

【解说】天下的幸福快乐事恐怕是无穷无尽，这其中如果有能达到使自己满意的就是最大的快乐。

惟有夜来归梦，不知身在天涯。

【出处】宋·贺铸《清平乐》

【解说】只有在夜里梦中，才忘记自己是天涯沦落之人。

当年不肯嫁春风，无端却被秋风误！

【出处】宋·贺铸《芳心苦》

【解说】当年在春风里高傲得不肯落去，到如今却无缘无故地被秋风扫去！

若问闲愁都几许，一川烟草，满城风絮，梅子黄时雨。

【出处】宋·贺铸《青玉案》

【解说】假使去问人的春愁有多少，正像那大江两岸的一片水雾与绿草，更像那满城飞舞的柳絮和那梅果发黄时的绵绵阴雨。

梧桐半死清霜后，头白鸳鸯失伴飞。
【出处】宋·贺铸《半死桐》
【解说】像经过霜打的将要枯死的梧桐树一样活着。到了头发斑白时夫妻们却一死一生，像那失伴的鸳鸯独自飞。

空床卧听南窗雨，谁复挑灯夜补衣。
【出处】宋·贺铸《半死桐》
【解说】独卧空床，听那南窗无情的雨声。不由想起，今后还会有谁在夜半三更时挑灯为我缝补衣裳呢。

便做春江都是泪，流不尽，许多愁。
【出处】宋·秦观《江城子》
【解说】即使把一江春水都化作眼泪，也流不尽心中的这些愁苦。

万苦千愁人自老，春来依旧生芳草。
【出处】宋·秦观《蝶恋花》
【解说】人生在世，万千愁苦催人自然老去，可是自然界却是变化不大，春天来了，大地依旧会长出绿茵茵的芳草。

春去也，落红万点愁如海。
【出处】宋·秦观《千秋岁·春景》
【解说】春天走了，留下的是落花满地，千片万点，就像人的春愁情如海。

多少蓬莱旧事，空回首，烟霭纷纷。

【出处】宋·秦观《满庭芳》

【注释】蓬莱，传说中的海上仙山。此指作者过去游乐之地。一说此指作者在会稽时曾客居的蓬莱阁。

【解说】有多少当年的美好往事，到如今只能是回想记起，有的甚至在记忆中已如云烟一样模模糊糊了。

可堪孤馆闭春寒，杜鹃声里斜阳暮。

【出处】宋·秦观《踏莎行·郴州旅舍》

【注释】可堪，犹言哪里忍受得住。

【解说】哪里还能忍受，孤独一人住在旅馆，正当这春初还寒时节；杜鹃鸟一声声叫着，十分凄惨，太阳正要落山。

金风玉露一相逢，便胜却、人间无数。

【出处】宋·秦观《鹊桥仙》

【注释】"金风"句，指牛郎织女每年七月七日相会一次。金风、玉露，指秋风和白露。

【解说】即使每年七月七日相逢一次，也就比人间的无数次相聚甜蜜得多。

柔情似水，佳期如梦，忍顾鹊桥归路。

【出处】宋·秦观《鹊桥仙》

【解说】两人的柔情如水那样深沉激荡，相聚的佳期十分短暂如同做梦一般，怎能忍心再回头看那鹊桥归路。

两情若是久长时，又岂在朝朝暮暮！

【出处】宋·秦观《鹊桥仙》

【解说】两个人的感情如果是长期稳固的，又怎么会在意一个个早晨和晚上的接触呢？

但倚楼极目，时见栖鸦。无奈归心，暗随流水到天涯。

【出处】宋·秦观《望海潮》

【解说】只要是独自一人登楼远望，就可以时时看见一群群飞鸦。没办法，回家的心情只好悄悄地随着那奔流的江水流到天涯。

万里投荒，一身吊影，成何欢意！

【出处】宋·黄庭坚《醉蓬莱》

【解说】万里之外，来到此荒蛮之地，全身上下一派可怜兮兮的景象，还怎么能够有欢心快乐之意呢！

桃李春风一杯酒，江湖夜雨十年灯。

【出处】宋·黄庭坚《寄黄几复》

【解说】眼前是桃红柳绿，和煦春风，一杯浓酒；身外是江风湖水，潇潇夜雨，十年来一直用着的一盏孤灯。

日数归期似有期，故园无语说相思。

【出处】宋·吕本中《听雨》

【解说】每天都在计算回去的日期，好像是定了归期；这次又回不去了，只好心中想着家乡，嘴上不再说故乡也不再说乡思了。

守着窗儿，独自怎生得黑。

【出处】宋·李清照《声声慢》

【注释】怎生，怎样。生，语助词。

【解说】我独自一人守望在窗前，心中暗想，怎么样才能挨到黑天呢！

梧桐更兼细雨，到黄昏，点点滴滴。这次第，怎一个愁字了得。

【出处】宋·李清照《声声慢》

【解说】风吹梧桐树叶沙沙作响，再加上细雨声，一直到黄昏，这声音点点滴滴一直不断。这样的心情，怎么是一个愁字所能形容得了的。

物是人非事事休，欲语泪先流。

【出处】宋·李清照《武陵春》

【解说】景物还与从前一样，但人已面目皆非，一切事情都作罢了；想要诉说却已是老泪纵横。

莫道不消魂，帘卷西风，人比黄花瘦。

【出处】宋·李清照《醉花阴·九日》

【解说】别说悲愁不会伤神，西风吹得帘子卷起时，人像秋霜下的菊花那般憔悴。

新来瘦，非干病酒，不是悲秋。

【出处】宋·李清照《凤凰台上忆吹箫》

【注释】非干，与……无关。病酒，因多饮酒而伤身。

【解说】近来消瘦，和喝酒多无关，也不是秋天伤感的缘故。

寻寻觅觅，冷冷清清，凄凄惨惨戚戚！乍暖还寒时候，最难将息。

【出处】宋·李清照《声声慢》

【注释】寻寻觅觅，心情若有所失貌。戚戚，悲伤苦闷貌。乍，突然。将息，休养。

【解说】这儿寻，那儿找，冷清、悲惨、忧伤的日子真难熬！这忽冷忽热的秋天真要把人愁杀！

花自飘零水自流。一种相思，两处闲愁。此情无计可消除，才下眉头，却上心头。

【出处】宋·李清照《一剪梅》

【注释】一种，一样，同样。闲愁，无所寄托的哀愁。无计，没有办法。

【解说】花就这样凋谢，水就这样东流。同样的相思之情，两地都遭受痛苦的折磨。这种心情真是无法消除，因为愁苦的表情刚从眉头上消失，心里却又相思无限，闷闷不乐。

一生归心拟乱云。

【出处】宋·辛弃疾《鹧鸪天》

【解说】一生一世要归故里的心情就像那乱云一样边散边生。

甚矣吾衰矣！怅平生，交游零落，只今余几？

【出处】宋·辛弃疾《贺新郎》

【解说】太严重了，我已经开始衰老了！怅恨地回想这一生，交往的朋友都七零八落了，到今天还能有几人呢？

唱彻《阳关》泪未干，功名余事且加餐。

【出处】宋·辛弃疾《鹧鸪天·送人》

【解说】把分别的歌曲唱了一遍又一遍，泪水还照样流淌不止。朋友们，功业和声名都是多余的事，暂且多吃点酒菜。

少时犹堪话别离，老来怕作送行诗。

【出处】宋·辛弃疾《定风波》

【解说】年少时运可以与朋友促膝长谈，依依惜别；到了老年，连作送行的诗词也不敢了。

老来情味减，对别酒，怯流年。况屈指中秋，十分好月，不照人圆。

【出处】宋·辛弃疾《木兰花慢·滁州送范倅》

【解说】到老年，情感韵味都在减少。面对分别后的酒，担心年华早逝。更何况再有几天就是中秋节，那时节十分美好的月色，却不能照着我们的团圆。

千古江山，英雄无觅，孙仲谋处。舞榭歌台，风流总被，雨打风吹去。

【出处】宋·辛弃疾《永遇乐·京口北固亭怀古》

【注释】孙仲谋，三国吴主孙权，字仲谋。

【解说】千古以来的大好江山，有多少英雄出世，但如今一个也找不到了，包括大名鼎鼎的孙权。当年这里曾经是他们轻歌曼舞的地方，但最终这些风流人物还总是要被历史的风风雨雨冲刷掉。

千古兴亡多少事，悠悠。不尽长江滚滚流。

【出处】宋·辛弃疾《南乡子·登京口北固亭有怀》

【解说】千古以来的兴亡，有多少可歌可泣的故事，数也数不清。就像那滔滔不尽的长江水一样后浪推前浪。

问人间，谁管别离愁？杯中物。

【出处】宋·辛弃疾《满江红》

【解说】试问人世间，哪件东西能管住别离的愁苦？只有这杯中的酒！

闲愁最苦。休去倚危楼，斜阳正在，烟柳断肠处。

【出处】宋·辛弃疾《摸鱼儿》

【解说】闲来无事时的忧愁是最苦最难耐的。千万不要上高楼，倚栏杆。因为那如血的夕阳下面烟水茫茫、垂柳依依，那恐怕就是当年与情人分手告别之处。

而今识尽愁滋味，欲说还休。欲说还休，却道天凉好个秋。

【出处】宋·辛弃疾《丑奴儿·书博山道中壁》

【解说】如今已经尝遍了愁苦的滋味，刚想要说那"愁"字，却又急忙打住。还是不说那"愁"字的好，却道天高气爽，好一个清冷的秋天。

人言头上发，总向愁中白。

【出处】宋·辛弃疾《菩萨蛮》

【解说】人们都说那头上的白发，总是因为愁苦才变白的。

山盟虽在，锦书难托。
【出处】宋·陆游《钗头凤》
【注释】山盟，即海誓山盟。锦书，即锦笺，精致华美的信纸，这里代指信。托，寄。
【解说】山盟海誓还记在心头，但传情的书信却难以寄达。

伤心桥下春波绿，曾是惊鸿照影来。
【出处】宋·陆游《沈园》
【注释】惊鸿，比喻美女体态轻盈。
【解说】真是使人见景伤心啊，桥下碧绿的春水，曾照出她那美丽的身影来。

世态十年看烂熟，家山万里梦依稀。
【出处】宋·陆游《过野人家有感》
【解说】世间的事情十多年来已经看得够了，家乡的山水在万里以外，即使梦见了也是依稀莫辨。

醉觉乾坤大，闲知日月长。
【出处】宋·陆游《初归偶到近村戏书》
【解说】喝醉后才觉得天地是如此之大；闲来无事才知道日月时间漫长。

久别名山凭梦到，每思旧友取书看。
【出处】宋·陆游《春日园中作》

【解说】分别久违的名山大川如今只能靠梦时才能游到。每次思念起往日的好友，万般无奈时找出他写的书看一看。

一千五百年间事，只有滩声似旧时。

【出处】宋·陆游《楚城》

【解说】到如今已是一千五百多年了，这期间发生了许多可歌可泣的事情；如今已物故人非，只有那沙滩上的波浪声还像从前一般。

客怀已是凄凉甚，更听城头画角哀。

【出处】宋·陆游《曳策》

【注释】画角：古乐器。形似竹筒。因其声高亢哀厉，古时军中常用以号令晓起昏眠。

【解说】作客的情怀已经是凄凉寒苦到了极点，又哪里再能承受得了城头上传来的画角声声、哀鸣阵阵呢！

江声不尽英雄恨，天意无私草木秋。

【出处】宋·陆游《黄州》

【解说】那咆哮东流的江水流不尽英雄的怨恨，上天的意志从来都是无私的，所有草木都开始凋零。

夕阳芳草本无恨，才子佳人空自悲。

【出处】宋·晁补之《鹧鸪天》

【解说】夕阳和芳草都是自然景物，本来就没有情感爱恨；只是那些才子佳人闲来无事，徒生悲欢而已。

久旱逢甘雨，他乡遇故知，洞房花烛夜，金榜挂名时。

【出处】宋·汪洙《喜》

【解说】长期干旱的大地喜降春雨；在异国他乡偶然遇到老朋友；新婚大喜时的红烛高照，面对新人如花似玉；科举考试，名列前茅时。

半记不记梦觉后，似愁无愁情倦时。

【出处】宋·邵雍《安乐窝》

【解说】梦醒之后，对梦中情景记得一些，又忘掉一些；在情感厌倦时，有一种似愁又无愁的感觉。

斜阳冉冉春无极。念月榭携手，露桥闻笛。沉思前事，似梦里，泪暗滴。

【出处】宋·周邦彦《兰陵王·柳》

【注释】沉思，深深思念。

【解说】天边的一抹夕阳正在渐渐西沉，眼前是无边无际的大好春光。想起我们曾在月光下的楼台互相牵手，在那洒满露珠的小桥上欣赏笛子曲。细细想来，那从前的事情恍恍惚惚都像在梦里，不由得珠泪滚滚悄悄流。

登临望故国。谁识，京华倦客？长亭路，年去岁来，应折柔条过千尺。

【出处】宋·周邦彦《兰陵王·柳》

【解说】登高望远，家乡千里迢迢。有谁还能记得，我这个在京城奔波谋生的游子？那长长的长亭路，一年年来来去去，算起来送别时折断的柳枝接起来也应该千尺有余。

人如风后入江云，情似雨余黏地絮。

【出处】宋·周邦彦《玉楼春》

【注释】入江云，飘入江上的云，比喻行踪不定。黏地絮，黏在地上的柳絮，比喻缠绵不能自已的感情。

当时相候赤栏桥，今日独寻黄叶路。

【出处】宋·周邦彦《玉楼春》

【解说】当时彼此在美丽的红栏杆桥上相会；今天却独自在铺满黄叶的小路上徘徊寻觅。

何处合成愁？离人心上秋。纵芭蕉不雨也飕飕。

【出处】宋·吴文英《唐多令》

【解说】在什么地方才合成了这个"愁"字，分别的人"心上的秋天"。即使是不下雨，那分别时的芭蕉树下也会冷飕飕。

年事梦中休，花空烟水流。燕辞归、客尚淹留。垂柳不萦裙带住，漫长是，系行舟。

【出处】宋·吴文英《唐多令》

【解说】多年来的心事已在梦中止休；红花白白地开放，云烟绿水也是自去自流。燕子已经飞走归去，人还在他乡滞留。垂柳的柔枝系不住美人的石榴裙，却长长地拴住了远行的小舟。

但愿暂成人缱绻，不妨常任月朦胧。

【出处】宋·朱淑真《元夜》

【注释】缱绻，qiǎn quǎn，感情缠绵。任，任凭。

【解说】但只愿暂时成为感情缠绵的情侣，不妨让那明月总是这样朦朦胧胧。

相逢不似长相忆，一度相逢一度愁。

【出处】宋·周紫芝《鹧鸪天·七夕》

【解说】一对情人相逢不像两个人相互思念那样美好甜蜜，因为相逢一次之后便是分离，因此便添一次哀愁。

相逢几日又相别，珍重两字不忍说。

【出处】宋·杨万里《送刘觉之归蜀》

【解说】老朋友相逢才几日，如今又不得不分别，因为感情太深，都怕勾结对方的伤悲，连"珍重"二字都不敢说。

年年送客横塘路，细雨垂杨系画船。

【出处】宋·范成大《横塘》

【解说】年年都要到横塘路这儿来送朋友，今天却下着毛毛细雨，垂杨柳树拴着一艘大船，正等待朋友出发。

别离滋味浓于酒，着人瘦。此情不及墙东柳，春色年年如旧。

【出处】宋·张耒《秋蕊香》

【解说】别离的愁苦比这烈酒还浓，一旦沾上便令人日益消瘦。这种感情比不上那墙东的垂柳，年年春天绿色依旧。

旧游都似梦，到处即为家。

【出处】宋·张耒《今早将饮酒闻莺有感》

【解说】往日的交游都像是在梦中，今天到了哪里，哪里就是家！

平生最识江湖味，听得秋声忆故乡。

【出处】宋·姜夔《湖上寓居杂咏》

【解说】一生中最难体味的是流浪江湖，因此每当听到秋天的脚步便自然想起故乡。

算空有并刀，难剪离愁千缕。

【出处】宋·姜夔《长亭怨慢》

【注释】并刀，唐代并州（州城在今山西太原）出产的剪刀，以锋利著称。

【解说】就算是真的有了并州的快刀，也难以剪断我这离愁别绪千万缕。

日与愁为地，时凭梦到家。

【出处】宋·戴复古《都中书怀》

【注释】为地，指以愁为生。

【解说】每日里以发愁为生计，时时刻刻都要借梦境回家。

扁舟何寂寞，绝不见人家。无处沽村酒，何从问菊花。

【出处】宋·戴复古《重阳舟中》

【解说】一路行船，未见一处人家，真是何等寂寞。因此也就没有地方去买酒，更谈不上向谁打听菊花了。

水禽与我共明月，芦叶同谁吟晚风。

【出处】宋·真山民《泊舟严滩》

【解说】只有水中的禽鸟此时与我一同欣赏明月；却不知那芦叶又在跟谁一起与晚风共吟唱。

怒发冲冠，凭栏处，潇潇雨歇。

【出处】宋·岳飞《满江红》

【注释】潇潇，雨貌。

【解说】拍案而起，头发直立，已把帽子顶了起来；凭栏远望，那阴风冷雨也已刚刚停歇。

江流千古英雄泪，山掩诸公富贵羞。

【出处】宋·赵善伦《多景楼》

【注释】诸公，指苟且偷安，不思恢复中原的南宋执政者。

痴人之前莫说梦，梦中说梦愈阔迁。

【出处】宋·刘过《寄竹隐先生孙应时》

【解说】在呆傻人面前不要说梦中之事，因为痴人本在梦中再说梦中事，更加显得迂腐。

愁人最是，黄昏前后，烟雨池台。

【出处】宋·陈亮《眼儿媚》

【解说】最使人愁苦的是，在时间上是那黄昏前后，在空间上是那细雨如丝、烟水茫茫中的池塘楼台。

痛定思痛，痛何如哉！

【出处】宋·文天祥《指南录后序》

【注释】痛定，痛苦过后，指事后。

【解说】事后回想当时的种种痛苦，痛苦的心情简直无法形容。

我是行人更送行，潇潇风雨倍伤情。

【出处】宋·赵善括《鹧鸪天》

【解说】我本人就是旅途上的人，如今又来送别人，潇潇的风雨使人格外悲伤。

英雄事往人何在？寂寞台空草自生。

【出处】宋·吕定《戏马台》

【解说】英雄的事迹已成为既往，而人却不知在何处？空荡寂寞的戏马台已杂草丛生。

客怀处处不宜秋，秋到梧桐动客愁。

【出处】宋·何应龙《客怀》

【解说】作客的情怀，无论如何也不应在秋天，因为秋天一到，梧桐叶落，更使人愁。

客情惟有夜难过，宿处先寻无杜鹃。

【出处】宋·左纬《送别》

【解说】他乡作客的情感只是在夜里最难过，寄宿时要先看看这里有没有杜鹃鸟（因为杜鹃的啼声容易唤起人们的思乡之情）。

春愁离恨重于山，不信马儿驮得动。

【出处】宋·石孝友《更漏子》

【解说】春天的愁烦，离别的苦恨，已经比高山还重。真不敢相信，那马儿还会驮得动。

客愁旧岁连新岁，归路长亭间短亭。

【出处】宋·范成大《东郊故事》

【解说】在他乡作客的愁烦中，从旧的一年走入新的一年；望着那通往家乡的大道，一个长亭接着一个矮亭。

万里秋风孤馆梦，一灯夜雨故乡心。

【出处】宋·汪元量《酬王昭仪》

【解说】万里秋风中独自一人在旅馆里做着归乡的美梦，一盏孤灯和着雨声陪伴我思乡的心情。

离恨远萦杨柳，梦魂长绕梨花。

【出处】金·刘迎《乌夜啼》

【解说】离别的苦恨时常让人想起那分手时的杨柳，梦中的情境经常是分别时所见的满目雪白梨花。

莫道男儿心如铁。君不见满川红叶，尽是离人眼中血。

【出处】金·董解元《西厢记诸宫调》卷六

【解说】不要说男子汉心刚如铁。你没看见那满山红叶，都是离人们眼中流下的鲜血。

伤心秦汉经行处，宫阙万间都做了土。兴，百姓苦；亡，百姓苦。

【出处】元·张养浩《中吕·山坡羊·潼关怀古》

【解说】一到潼关，自然会联想到秦汉以来的许多历史事件，不免令人伤心感怀，因为昔日那些千万座豪华宫殿如今都成了一堆土。国家兴旺，老百姓受苦；国家动乱，老百姓也苦。

怀古，怀古。废兴两字，干戈几度。

【出处】元·庾天锡《商角调·黄莺儿》

【解说】感念古代，感念古人。仅仅是为了废兴两个字，千年以来人们动刀动枪又有多少回。

今日吴，明日楚，吴楚交争几荣枯。试将历代从头数，忠孝臣，贤明主，泉下土。

【出处】元·刘时中《南吕·四块玉》

【解说】今天归了吴国，明天又归了楚国，吴楚之间的交兵征战使社会几度繁荣几度衰退。试将历代英雄人物从头算来，有多少忠孝有名的大臣，贤达开明的君主，今天也都成了九泉下的尘土。

物换星移，城是人非，今古一枰棋。

【出处】元·查德卿《越调·柳营曲·金陵故址》

【注释】枰，píng，棋盘。

【解说】物候不断变换，星辰不断移动；城还是这座城，人已不是原来的人；古往今来世间的一切事情就像一盘棋。

怀古情多，凭高望极，且将尊酒慰飘零。

【出处】元·张翥《多雨·西湖泛舟夕归》

【解说】思古的幽情十分浓郁，登高眺望远方，且把这杯酒洒向天空和大地，慰藉古往今来随风飘零的英雄好汉。

石头城上，望天低吴楚，眼空无物。指点六朝形胜地，惟有青山如壁。

【出处】元·萨都剌《百字令·登石头城》

【注释】石头城，即今南京市。

【解说】站在石头城上，远望那天边的吴楚大地，什么也看不到。仔细想来，那六朝当年的要塞名胜之地已化为乌有，只有满目青山环绕四周，有如铜墙铁壁。

一江南北，消磨多少豪杰。

【出处】元·萨都剌《百字令·登石头城》

【解说】只见那一江春水南北流淌，冲洗尽多少英雄人物。

歌舞尊前，繁华镜里，暗换青青发。伤心千古，秦淮一片明月。

【出处】元·萨都剌《百字令·登石头城》

【解说】在酒席间轻歌曼舞，在明镜里千娇百媚，却不觉暗地里已有白发代替了黑发。前思后想千古事，无限伤感，却面对秦淮河畔的一轮明月。

夕阳西下，断肠人在天涯。

【出处】元·马致远《越调天净沙·秋思》

【解说】一轮红日渐渐西沉，正值黄昏，情肠寸断的江湖流浪人还在天边奔波。

百岁光阴一梦蝶，重回首，往事堪嗟。

【出处】元·马致远《双调夜行船·秋思》

【注释】梦蝶，用庄子梦蝶典。

【解说】人生百年，就像一场大梦；回首往事，有多少可歌可泣之事令人感叹。

怕黄昏忽地又黄昏，不销魂怎地不销魂？新啼恨压旧啼恨。断肠人忆断肠人。

【出处】元·王实甫《中吕·十二月过尧民歌·别情》

【注释】压，加上。

碧云天，黄花地，西风紧，北雁南飞。晓来谁染霜林醉？总是离人泪。

【出处】元·王实甫《西厢记》第四本第三折《端正好》

【解说】蓝天白云，黄花满地，秋风阵阵，北方的大雁一队队南飞。一夜之间，是谁把一片枫林染得殷红似火？这些，都好像是人们分别时的热泪。

恨相见得迟，怨归去得疾。柳丝长，玉骢难系，恨不倩疏林挂住斜晖。

【出处】元·王实甫《西厢记》第四本第三折《滚绣球》

【注释】玉骢，青白色的马。本处泛指马。

【解说】恼恨相见相聚得太晚，埋怨此次回去得太快。柳枝细长，白马难留。恨不得请那稀疏的树木把落日挂在梢头。

花落水流红，闲愁万种。

【出处】元·王实甫《西厢记》第一本楔子

【解说】花叶纷纷落去，红叶随流水而去，勾起人万千愁肠和思绪。

平生不会相思。才会相思，便害相思……症候来时，正是何时？灯半昏时，月半明时。

【出处】元·徐再思《双调·折桂令·春情》

【注释】症候，相思的苦恼。

英雄已尽中原泪，臣主元无北伐心。

【出处】明·张以宁《过辛稼轩神道》

【注释】英雄，指辛弃疾。"臣主"句，指南宋君臣偏安江南，不想北伐抗金，收复失地。

【解说】抗金英雄辛弃疾已把思念中原的泪水流干了，可那南宋君臣却原来根本没有北伐的雄心。

行人欲问前朝事，翁仲无言对夕阳。

【出处】明·孙友篪《过古墓》

【注释】翁仲，指铜像、石像。此指墓前的石人。

【解说】过往行人想要问讯前朝的史事，那石人就是不说话，只是看着将沉的夕阳。

叹三楚英雄，六朝王霸，消沉无数。

【出处】明·朱一是《二郎神·登燕子矶秋眺》

【解说】最可叹的是那三楚大地的诸位英雄，六朝时那些称王称霸的人，都已销声匿迹，不可胜数。

愁看陌上青青草，送尽行人总不知。

【出处】明·王云凤《送客》

【解说】满腹愁怀，看那路边的青青小草，送完了远行的人之后却总是全然不知。

看君已作无家客，犹是逢人说故乡。

【出处】明·王问《赠吴之山》

【解说】我看你已成为无家可归之人；但还是每逢外人常说起故乡如何如何。

妾身妾自惜，君心君自知。莫将日后情，不如初见时。

【出处】明·王屋《子夜歌》

【解说】我自身能自爱，你的心你自己也了解。不要让咱们日后的感情，反不如初见面时。

今夕为何夕？他乡说故乡。看人儿女大，为客岁年长。

【出处】明·袁凯《客中除夕》

【解说】不知今夜是初几的夜晚？我在他乡向别人谈论我的故乡。看着别人的儿女一天天长大，我作为客居者年龄也一年年增长。

良辰美景奈何天，赏心乐事谁家院。

【出处】明·汤显祖《牡丹亭·惊梦》

【解说】时光大好，景色宜人，正是不可多得的春天；景物赏心悦目，又逢喜事降临，只一时间想不起这里是谁家的庭院。

没乱里春情难遣，蓦地里怀人幽怨。

【出处】明·汤显祖《牡丹亭·惊梦》

【注释】没乱里：心情迷乱。蓦地里，突然间。

【解说】忽然间心情迷乱，相思之情难以排遣；忽然间想起那个久别的心上人，不免产生深深的怨恨。

如花美眷，似水流年。

【出处】明·汤显祖《牡丹亭·惊梦》

【解说】妻子如花似玉，光阴如水流逝。

情不知所起，一往而深。生者可以死，死可以生。生而不可与死，死而不可复生者。皆非情之至也。

【出处】明·汤显祖《牡丹亭·题词》

【解说】感情不知从何时何地而生出，而且容易一往而至情深。活生生的人可以为情而死，死去了也可以为情再生。活着而不愿意与自己所爱的人一起死；死了而不能与自己所爱的人为情再生，都不是感情达到了极点。

光阴隔眼三生易，尘世伤心一笑难。

【出处】明·李东阳《悼亡妻》

【注释】三生，佛教语。指前生，今生与来生。

【解说】如梭的光阴在眼前一晃而过，十分容易；现实生活中到处都是伤心事，即使开心一笑也很困难。

秋风清，秋月明。叶叶梧桐槛外声，难教归梦成。

【出处】明·李攀龙《长相思》

【解说】秋风清冷无情，秋月朗照天空。梧桐树叶在风中抖动的声音，搅得人难以入眠，归梦难成。

塞雁行行天际横，偏伤旅客情。

【出处】明·李攀龙《长相思》

【解说】边塞的大雁一行行，在天边掠过，偏偏会触动作客他乡的情怀。

春风送客翻愁客，客路逢春不当春。

【出处】明·徐熥《寄弟》

【解说】浩荡春风既送你远行，又使你愁烦；作客他乡的路上赶上春天，又哪里会有春天的心情。

天涯行客离乡久，见月思乡搔白首。

【出处】明·郭登《送岳季方还京》

【解说】浪迹天涯的游子离开家乡太久了，因此每天见到月亮不免思乡忧愁，骚动白头。

众人以顺境为乐，而君子乐自逆境中来。众人以拂意为忧，而君子忧从快意处起。盖众人忧乐以情，而君子忧乐以理也。

【出处】明·洪应明《菜根谭》

【注释】拂意，不顺心。

【解说】大多数人都把处于顺境当作快乐，而君子的快意多从逆境中体悟而来。大多数人都把不顺心的事作为忧烦，而君子的忧虑多从高兴快意的事情上引起。一般来说，大多数人的悲喜是因为感情，而君子的悲喜却是凭借理智。

迷则乐境成苦海，如水凝为冰；悟则苦海为乐境，犹冰涣作水。可见苦乐无二境，迷悟非两心，只在一转念间耳。

【出处】明·洪应明《菜根谭》

【解说】执迷不悟，即使身处欢乐之境况也会成为苦海，正如水受害而凝结为冰；觉悟之后即使身处苦海也会成为乐境，正如冰块逐渐化解为水。由此可见，痛苦与快乐并不是两种截然相反的境界，执迷与觉悟也并不是两种互相对立的心境。两者之间的差别只是在思想一转念之间。

死时不作他邦鬼，生日还为归土人。

【出处】明·冯梦龙《警世通言·白娘子永镇雷峰塔》

【解说】即便是客死他乡也不作他乡之鬼，有生之年还要还归故乡之人。

人逢喜事精神爽，月到中秋分外明。

【出处】明·冯梦龙《醒世恒言·施润泽滩阙遇友》

酒是烧身硝焰，色为割肉钢刀。

【出处】明·冯梦龙《警世通言·苏知县罗衫再合》

【注释】硝焰，火苗。

【解说】酒是烧毁身体的火苗，女色是割取身体骨肉的钢刀。

一缕情丝，两行清泪，渍透千重铁。

【出处】明·张红桥《念奴娇》

【注释】渍，浸，泡。

【解说】相爱的一缕情思，牵动着两行清苦的眼泪，会湿透千层铁甲。

月缺重圆会有期，人间何得久别离。

【出处】明·于谦《古意》

【解说】明月有亏缺时，但是复圆也有日期，人世间为什么却这样长久分别。

身老难为客，天寒更念家。

【出处】清·金和《泊江上》

【解说】年龄老迈了，很难再在外边游荡了；天气寒冷了，更加想念家。

误尽平生是一官，弃家容易变名难。

【出处】清·吴伟业《自叹》

【解说】耽误了一生的事情，就是为了作一官半职；如今抛弃家庭还算容易，想改变名称真是难。

它生莫作有情痴，人天无地着相思。

【出处】清·况周颐《浣溪沙》

【注释】着，安置。

【解说】来生来世不要再作有情痴心之人，因为人间和天上没有地方存放相思之苦。

辛苦共尝偏早去，乱离知否曾同归。

【出处】清·吴伟业《追悼》

【解说】生活艰苦时曾经一起共度患难，如今你却偏偏早早离开人世；还记得那年适逢战乱，我们彼此风雨同舟共同回家的情景吗？

黄鸡紫蟹堪携酒，红树青山好放船。

【出处】清·吴伟业《追叙旧约》

【解说】油黄的鸡肉和紫红的螃蟹正好拿酒来畅饮；殷红的枫叶和青翠的山色正好可以顺水放船一游。

故园望断江村里，愁说梅花细细开。

【出处】清·朱彝尊《云中至日》

【解说】遥望故乡，直到江水那边的村落已经看不清了。没办法，只好满怀愁绪地对梅花说，你一定要慢慢地开。

归梦苦难真，别离情更亲，恨天涯芳信无因。欲话去年今日事，能几个，去年人。

【出处】清·朱彝尊《南楼令》

【解说】回家的美梦经常做，但最痛苦的是梦想难以成真；分别后亲友的感情更为真实感人。痛恨的是人在天涯，接不到家乡的音信。想要说起去年今日的往事，看一下身边，还能有几个去年与今年都在场的人。

重叠泪痕缄锦字，人生只有情难死。

【出处】清·文廷式《蝶恋花》

【注释】缄，封。锦字，指书信。

【解说】写好的情书已经沾满了一层层泪水，人的一生只有爱情最难消灭。

唱罢秋坟愁未歇，春丛认取双栖蝶。

【出处】清·纳兰性德《蝶恋花》

【注释】秋坟，语本李贺《秋来》诗"秋坟鬼唱鲍家诗"。双栖蝶，用东晋梁山伯、祝英台同葬后化为双蝶的故事。

【解说】去年秋天时在你的坟前读罢祭悼的诗文，至今心中的哀愁尚未忘却；春天时又在你的坟墓前的花丛中，看到了双双飞舞的蝴蝶，究竟哪一只蝶才是你呢？

便人间天上，尘缘未断，春花秋叶，触绪还伤。

【出处】清·纳兰性德《沁园春》

【解说】即使一个在人间，一个在天上，心中的尘缘仍未了断，每次看到春花绽放、秋叶凋零，难免触动思念感伤情绪。

风一更，雪一更，聒碎乡心梦不成。故园无此声。

【出处】清·纳兰性德《长相思》

【注释】聒，喧扰。

【解说】大风刮了一更天，大雪又下了一更天，吵闹得心情烦闷，梦寐不成。我的故乡没有这种声音。

一生一代一双人，争教两处销魂。相思相望不相亲，天为谁春？

【出处】清·纳兰性德《画堂春》

【解说】一生一世，同龄同代，只有两个相爱的人，怎么却教两个人彼此分离在两处，令人悲痛欲绝。两个人互相思念互相盼望却不能够亲近，苍天还能为谁设计春天呢？

最是客中偏送远，况堪更送故乡人。

【出处】清·沈钦圻《送杨日补南还》

【解说】最难忍受的是自己身在他乡又要送人远行；更何况还要强忍去送的是故乡人。

愿为春草绿，一路送君归。

【出处】清·马位《送人》

【解说】我愿意成为那春天小草那无边的绿色，一路送你回到故乡。

今古事，堪悲诧。身世艰，从牵惹。

【出处】清·陈维崧《满江红·秋日经信陵君祠》

【解说】古往今来有多少往事，真令人悲怀惊诧。自身命运和所逢时势的遗憾，从来就是这般让人牵肠挂肚。

隔岸荒云远断，绕矶小树微明。旧时燕子还飞否？今古不胜情。

【出处】清·归庄《锦堂春·燕子矶》

【注释】"旧时"句，意本郦道元《水经注》："石燕山相传其石或大或小，及有雷风；则石燕群飞"。

【解说】对岸的荒山白云在远处望断，环绕石矶的小树尚能看得清。从前的燕子能不能飞了呢？今昔对比，这情怀真令人难以承受。

吾听浊浪金焦外，淘尽英雄是此声。

【出处】清·王图炳《渡江》

【注释】金焦，镇江的金山和焦山。

【解说】我听那浪涛声来自金山与焦山之外，千古以来冲刷尽无数英雄的正是这种声音。

高台凤去荒烟满，废苑萤飞茂草生。往事不堪频想象，夕阳西下看潮平。

【出处】清·倪瑞璿《金陵怀古》

【注释】高台凤去，语本李白《登金陵凤凰台》："凤凰台上凤凰游，凤去台空江自流。"。

【解说】高高的楼台如今是凤去楼空，到处是一片荒草烟雾；荒废多年的园林已是萤火飞舞，杂草丛生。从前的往事已不堪回首想象，只见那夕阳西下，江水平静。

阅尽兴亡千古事，萧萧，往日英雄不可招。

【出处】清·赵维烈《南乡子·登燕子矶》

【解说】只有这青山绿水看尽了千古以来的沧桑兴废变化；如今已是满目萧然，昨日的无数英雄已不可见。

何事催人老？是几处，残山剩水，闲凭闲吊。

【出处】清·黄景仁《贺新郎·太白墓和稚存韵》

【解说】是什么东西在不断地催人老去呢？是那几处破敝的山河，总是为人们闲来无事时，凭古吊今。

一片伤心金粉地，落花时节到江南。

【出处】清·程之鵕《抵金陵》

【解说】这里是一片令人百感交集的地方，当年曾经是一派繁华。在落花时节，我到了江南这个地方。

宋家万里中原土，换得钱塘十顷湖。

【出处】清·黄任《西湖杂书》

【注释】宋家，指宋朝。

【解说】当年大宋王朝割让了万里国土，才换得钱塘江边这十顷西湖的山光水色。

梦如柳絮飞无定，愁似芭蕉卷未舒。

【出处】清·沈绍姬《寄家人》

【解说】每天做的梦像柳絮一样飘忽不定，思乡的愁绪像芭蕉叶一样经常卷着从未舒展开来。

有情皓月怜孤影，无赖闲花照独眠。

【出处】清·黄景仁《绮怀》

【注释】无赖，多事，撩扰人。

【解说】那看上去有无限深情的一轮皓月好像也在可怜我这孤独的身影；那多事的闲花却任意地开着，正好映衬我的孤独愁苦不能入眠的心情。

留得当时临别泪，经年不忍浣衣裳。

【出处】清·董以宁《闺怨》

【解说】只为了留下你当时与我分别的泪痕，第二年仍不忍心去洗那件衣裳。

年光愁病里，心绪别离中。

【出处】清·蒋士铨《水调歌头·舟次感成》

【解说】年景光阴都在哀愁多病中度过，心头的情绪始终被泡在别离之中。

留人旅梦归不得，渔火一痕汀外孤。

【出处】清·吴锡麒《月下过泖湖》

【注释】留人，羁留在外之人，作者自指。

【解说】滞留在外的人即使在梦中也回不到故乡，唯有眼前一片渔火在那沙汀之外，显得十分孤独。

静忆家人皆万里，独看帘月到三更。

【出处】清·张问陶《月夜书怀》

【解说】万寂无声，回忆此时家人，都在万里之外；我独自一人，隔帘看月，已是夜三更。

燕子枉翻双剪，几曾剪得离愁。

【出处】清·朱声希《清平乐》

【解说】那翻飞的燕子白白地舞动尾上的双剪，能有几回剪得断人们的离愁。

独自凄凉还自遣，自制离愁。

【出处】清·龚自珍《浪淘沙》

【解说】独自一人，好不凄凉，无奈只得自我排遣，无端地又自己制造出许多离愁。

春去能来，人去能来否？长亭暮，乱山无数，只有鹃声苦。

【出处】清·王鹏运《点绛唇·饯春》

【解说】春天去了，还会再来；人走了，还能再回来吗？暮色苍茫，长亭与乱山无数，只听到杜鹃鸟一声声哀啼。

往事低徊风雨疾，新愁黯淡江河下。

【出处】清·王鹏远《满江红·朱山镇谒岳鄂王祠敬赋》

【注释】往事，指当年岳飞受害事。新愁句，指当时清朝内忧外患、江河日下的危机。

旧事茫茫，予怀渺渺。月何分于古今，人犹忆乎少川。

【出处】清·黄遵宪《小时不识月赋》

【解说】往事如烟一样渺茫，我的心情也是一片迷茫。千古以来都是这个月亮，为什么还要分为古今，因为人即使老了，还能记起年少儿童时的情形。

信当喜极翻愁误，物到难求得尚疑。

【出处】清·袁枚《举京兆》

【解说】好消息降临时，因为太高兴了，却忽然怀疑是否有误；一件东西久久追求而不得，最后得到时反而却怀疑是否真实。

一双冷眼看世人，满腔热血酬知己。

【出处】清·袁枚《随园诗话》卷十六

【解说】用一双冷漠无情的目光来打量世间一切人等；用满腔热血来报答知心朋友。

恐负平生怜我意，从今不忍复相思。

【出处】清·陈祖范《悼亡》

【解说】因为担心对不起你对我一生的爱恋情意，因此才发誓从今以后不再忍心深深地想你。

鸟近黄昏皆绕树，人当岁暮定思乡。

【出处】清·崔岱齐《岁暮送戴衣闻还苕溪》

【解说】鸟到了黄昏都纷纷绕树寻巢而飞；人到了岁末一定会格外思念家乡。

客心如水水如愁，容易归帆趁疾流。忽讶船窗送吴语，故山月已挂船头。

【出处】清·叶燮《客发苕溪》

【解说】客居他乡之人的心情就像那激荡不已的水一样，没有安静不发愁的时候；一旦踏上归途，就像那顺水顺风的船儿一样归心似箭。忽然感到惊讶，因为船窗外传达一阵阵吴越方言土语；却原来家乡的月亮已挂上了船头。

闲对半弯无主月，痴看一片有情天。

【出处】清·马朴臣《七夕》

【注释】闲，静静地。无主月，不属于任何人。有情天，遥望天空联想牛郎、织女故事，又怀念远方之人，所以觉得天也有情。

屏却相思，近来知道都无益。不成抛掷，梦里终相觅。

【出处】清·王国维《点绛唇》

【注释】屏却，抛弃。

【解说】一心想抛弃那相思之苦，因为近来了解到的东西都没啥好消息。但是又抛弃不了，因为在梦中始终都在互相寻找。

学

习

如切如磋，如琢如磨。

【出处】《诗经·卫风·淇澳》

【注释】切，截割。磋，磨平。琢，雕镌。磨，摩擦。切磋、琢磨，原喻道德方面的进修，后也指学业上的研讨。

【解说】为人和治学，就像一块石头，只有不断地摩擦、雕琢，才会越来越好。

他山之石，可以攻玉。

【出处】《诗经·小雅·鹤鸣》

【注释】攻，磨砺。

【解说】即使是别的山上的石头，也可以用来雕磨美玉。

爱子，教之以义方。

【出处】《左传·隐公三年》

【注释】义方，正义的方法。

【解说】关爱自己的后代，最好是教给他一些正义的方法和原则。

言之无文，行而不远。

【出处】《左传·襄公二十五年》

【注释】文，文采。行，流传。

【解说】语言而没有文采，即使思想正确，并在社会上流行起来，但也不会传得久远。

好学而不贰。

【出处】《左传·昭公十三年》

【注释】贰，二心。

【解说】虚心好学，而且专心不变。

学而不思则罔，思而不学则殆。

【出处】《论语·为政》

【注释】罔，wǎng，迷惑。殆，dài，精神懈怠。

【解说】只知道学习而不用脑独立思考，就会面对许多思想产生困惑，不知所从；只凭自己胡思乱想而不虚心学习，其思想精神用不了多久便会懈怠。

知之为知之，不知为不知，是知也。

【出处】《论语·为政》

【注释】"是知也"中的"知"，同"智"，智慧，聪明。

【解说】在学习上，知道的就承认知道，不知道就承认不知道，这才是最聪明的学习态度。

三人行，必有我师焉。择其善者而从之，其不善者而改之。

【出处】《论语·述而》

【解说】即使只有三个人在一起走，其中一定有我们可以学习的老师。选择他们的优点跟着做，即使是他们的缺点也没有关系，我们也可以借鉴改正。

夫子循循然善诱人。

【出处】《论语·子罕》

【注释】循循，有步骤。

【解说】那个人善于一个步骤一个步骤地诱导教育别人。

仰之弥高，钻之弥深。

【出处】《论语·子罕》

【注释】仰，抬头向上看，引申为敬慕。弥，更加。钻，向深处钻研。

【解说】越是抬头向上看，越觉得它的境界十分高远；越是埋头向深处钻研，越发现它的思想十分深奥。

知之者不如好之者，好之者不如乐之者。

【出处】《论语·雍也》

【注释】好，hào，喜爱。乐，以之为乐。

【解说】仅仅是掌握了学问的人，不如那些爱好学问的人懂得多；爱好学问的人不如那些以做学问为乐趣的人悟得深。

君子于其所不知，盖阙如也。

【出处】《论语·子路》

【注释】阙如，宁可暂缺，而不瞎说。

【解说】正人君子对他所不了解的东西，一般都不乱说乱讲。

博学而笃志，切问而近思。

【出处】《论语·子张》

【注释】笃志，志向专一。切问，向人请教自己所学而未懂的问题。近思，勤于思考。

【解说】学习的知识要广博，但要有主攻方向；虚心向别人请教，但要用自己的头脑去思考。

学而不厌，诲人不倦。

【出处】《论语·述而》

【注释】厌，满足。诲，教诲，指导别人。倦，厌倦，不耐烦。

【解说】在学习上要日日坚持，不能自以为满足而停止；在指导他人学习时，不要因为教的次数太多而感到厌倦。

学而时习之，不亦说乎？

【出处】《论语·学而》

【注释】说同"悦"，念 yuè，高兴。

【解说】一边学一边反复习练，不也是很愉快的吗？

举一隅不以三隅反，则不复也。

【出处】《论语·述而》

【注释】举一隅不以三隅反，意谓不能举一反三，依事类推。隅，角落。反，类推。复，指再次教导。

【解说】举出一件事情，却不能依此推及第三件事情，这样的学生就不可以再教了。

有教无类。

【出处】《论语·卫灵公》

【注释】类，类别。意谓施教不分类别。

【解说】无论贫富、贵贱，都要给予教育。

逝者如斯夫！不舍昼夜。

【出处】《论语·子罕》

【注释】逝，消逝。斯，指流去的江水。舍，停息。

【解说】流逝的光阴就像这流水一样快，而且日夜不停！

尽信书，则不如无书。

【出处】《孟子·尽心下》

【注释】书，此处单指《尚书》，一部上古时代的典籍。

【解说】如果一切都相信《尚书》的，那么还不如没有这部《尚书》的好。

饱食，暖衣，逸居而无教，则近于禽兽。

【出处】《孟子·滕文公上》

【解说】吃饱了，穿暖了，安居了却没有教养，这种人跟禽兽就差不多了。

资之深，则取之左右逢其原。

【出处】《孟子·离娄下》

【注释】资，取。原，同"源"。

【解说】如果取得的知识十分深奥，那么即使从其左右索取其他知识，也像是源源不断。

得天下英才而教育之，三乐也。

【出处】《孟子·尽心上》

【注释】三乐，第三种乐趣。

【解说】得到天下的英才并能加以培养教育，这是第三种乐趣。

学然后知不足，教然后知困。

【出处】《礼记·学记》

【注释】困，困惑，疑难。

【解说】通过学习，才知道自己的知识不够；通过教别人，才知道自己也有不清楚的地方。

博学之，审问之。慎思之，明辨之，笃行之。

【出处】《礼记·中庸》

【注释】审，详细。笃，坚定诚实。

【解说】对于所要从事的事情，要广博地学习，要详细地询问，要谨慎地思考，要清晰地分辨，要坚定地实行。

毋剿说，毋雷同。

【出处】《礼记·曲礼上》

【注释】剿说，窃取别人的成说。剿，通"钞"。

【解说】不要抄袭别人的说法，不要人云亦云。

善问者，如攻坚木，先其易者，后其节目。

【出处】《礼记·学记》

【注释】节目，树木的结节。

【解说】善于发问的人，如同去攻克坚实的木材，先问容易的，后问关键的。

人之学也，或失则多，或失则寡，或失则易，或失则止。

【出处】《礼记·学记》

【注释】止，停止，却步。

【解说】人们在学习上，有的失败在于多，有的失败在于少，有的失败在于认为容易，有的失败在于停步不前。

上学以神听，中学以心听，下学以耳听。

【出处】《文子·道德》

【解说】最好的学习是用精神去听讲，中等的学习是用心去听讲，最次的学习是只用耳听。

大道以多歧亡羊，学者以多方丧生。

【出处】《列子·说符》

【注释】歧，岔路。多方，指学习目标不专一。丧生，失去年华。

【解说】宽敞的大路是因为十字路口太多而使羊走失；学习的人是因为目标太多而失去大好年华。

吾生也有涯，而知也无涯。

【出处】《庄子·养生主》

【注释】涯，水边，引申为边际，极限。知，知识。

【解说】我的生命是有极限的，但知识学问却是无止境的。

不积跬步，无以至千里；不积小流，无以成江海。

【出处】《荀子·劝学》

【注释】积，积累。跬，kuǐ，半步。

【解说】不是一步半步地坚持走下去，就无法走到千里之外的地方；不把涓涓细流汇聚起来，就不会有江河湖海的波浪滔天。

君子之学也，入乎耳，著乎心，布乎四体，形乎动静。

【出处】《荀子·劝学》

【注释】动静，行动。

【解说】正人君子学习的知识，从耳朵听进来，在思想中着落，遍布四肢全身，最后见之于行为举止。

君子之学也以美其身，小人之学也以为禽犊。

【出处】《荀子·劝学》

【注释】美，善。禽犊，古人用作馈赠的礼物，这里作夸耀解。

【解说】正人君子之所以学习是为了使自己更完美；无义小人之所以学习是为了向别人夸耀。

君子博学而日参省乎己，则知明而行无过矣。

【出处】《荀子·劝学》，

【注释】参，通"三"，多次。省，检查。知明，指明白事理。知，同"智"。

【解说】正人君子学问渊博，一天之内多次检讨自己，那么就会智慧开明而行为没过错。

究天人之际，通古今之变，成一家之言。

【出处】汉·班固《汉书·司马迁传》

【注释】究，探究。天人，自然和社会。际，彼此间的关系。通，明白，通晓。成，创立。

【解说】平生立志要探究自然与社会的发展规律，通晓古往今来的变化规律，创立独成一家的学说。

不闻不若闻之，闻之不若见之，见之不若知之，知之不若行之。

【出处】《荀子·儒效》

【注释】闻，听，听到。

【解说】对于一切事物，一点不知道不如听到一些好；仅仅听到不如亲眼所见好；仅仅看见不如了如指掌好；仅仅了如指掌不如身体力行好。

讯问者，智之本；思虑者，智之道。

【出处】汉·刘向《说苑·建本》

【注释】讯问，询问。道，途径。

【解说】经常请教询问，是保持聪明的根本；经常思考问题，是取得智慧的途径。

人皆知以食愈饥，莫知以学愈愚。

【出处】汉·刘向《说苑·建本》

【注释】愈，医治。

【解说】人们都知道用食物充饥，却不知道用学习来改变愚昧。

智莫大于阙疑。行莫大于无悔。

【出处】汉·刘向《说苑·谈丛》

【注释】阙疑，有疑难时不作主观臆断，宁可暂置不论。

【解说】智慧中没有比有疑问而不妄作判断更好的了；行为中没有比不后悔更伟大的了。

视日月而知众星之蔑也，仰圣人而知众说之小也。

【出处】汉·扬雄《法言·学行》

【注释】蔑，微小。

【解说】看到日月才知道星星的微小，靠近圣人才知道众人理论的微观。

凿不休则沟深。斧不止则薪多。

【出处】汉·王充《论衡·命禄篇》

【注释】薪，柴。

【解说】穿凿不停就会把沟挖深，斧头不停就会柴薪满车。

独是之语，高士不舍，俗夫不好；惑众之书，愚者欣颂，贤者逃顿。

【出处】汉·王充《论衡·自纪篇》

【注释】独是，独到见解。欣颂，爱读。逃顿，逃遁。

【解说】有独到见解的言语，高妙人士不会放弃，虽然凡夫俗予不喜欢；迷惑人民的书籍，愚昧的人高兴称颂，而有贤能的人早已躲开。

士欲宣其义，必先读其书。

【出处】汉·王符《潜夫论·赞学》：

【注释】宣，传播。

【解说】高雅人士想要传播自己的思想主张，一定要让人们先来读他写的书。

器不饰则无以为美观，人不学则无以有懿德。

【出处】汉·徐干《中论·治学》

【注释】懿，美。

【解说】器具不加修饰就无法展示它的美；人们不学习就无法使自己有美德。

非学无以广才，非志无以成学。

【出处】三国·蜀·诸葛亮《诫子书》

【注释】广，发展。

【解说】不学习就无法发展才能，不立志就无法成就学问。

读书百遍，而义自见。

【出处】晋·陈寿《三国志·魏书·王肃传》裴松之注。

【注释】见，xiàn，通假字，同"现"，出现。义，意义。

【解说】读一本书到了一百遍，其中的意义自然会呈现出来。

好读书，不求甚解，每有会意，便欣然忘食。

【出处】晋·陶潜《五柳先生传》

【注释】好，hào，爱好。会意，体会。

【解说】平生喜欢读书，但却从不咬文嚼字；每次要是有了自己的心得体会，就会高兴得忘了吃饭。

岁月不居，时节如流。

【出处】晋·孔融《与曹公论盛孝章书》

【注释】居，停止。

【解说】岁月光阴不会停止，四时季节如流水一般。

不饱食以终日，不弃功于寸阴。

【出处】晋·葛洪《抱朴子·勖学》

【注释】弃，丢弃，放弃。

【解说】不要整天只求温饱无忧，不要放弃功业，要珍惜每寸光阴。

开篇玩古，则千载共朝，削简传今，则万里对面。

【出处】南朝·梁·庾肩吾《书品序》

【注释】共朝，像生活在同一朝代。削简，古代用竹削成的记载文字的竹简。

【解说】打开书籍欣赏历史，其中人物虽在千年之前，都如同今日共处一朝；翻看古书，联想今日，那些人和事虽然在万里之外，就如同彼此面对面。

积学以储宝，酌理以富才。

【出处】南朝·梁·刘勰《文心雕龙·神思》

【注释】酌，斟酌，明辨。

【解说】积累学问就像储存宝物，明辨事理就是增长才干。

操千曲而后晓声，观千剑而后识器。

【出处】南朝·梁·刘勰《文心雕龙·知音》

【注释】操，弹奏。

【解说】弹过了一千首曲子后才能说自己已经明白了音乐；见过了一千把宝剑才能说自己已经会鉴定武器了。

少年轻年月，迟暮惜光辉。

【出处】南朝梁·何逊《赠诸游旧》

【注释】光辉，光阴。

【解说】年轻时忽视时光岁月，到老时才珍惜时间。

学者犹种树也，春玩其华，秋登其实；讲论文章，春华也；修身利行，秋实也。

【出处】北齐·颜之推《颜氏家训·勉学》

【注释】玩，欣赏。华，同"花"。登，通"得"。

【解说】学习就像种树，春天时欣赏其花朵，秋天时收获其果实。讲习评论文章，就是欣赏的过程；修正品德行为，就是收获的过程。

观天下书未遍，不得妄下雌黄。

【出处】北齐·颜之推《颜氏家训·勉学》

【注释】雌黄，评论是非。

【解说】古今中外的书读得不多，不要轻易说三道四。

积财千万，无过读书。

【出处】北齐·颜之推《颜氏家训·勉学》

【解说】家有财产千万，不如读书万卷。

积财千万，不如薄技在身。

【出处】北齐·颜之推《颜氏家训·勉学篇》

【注释】薄技，微小的技能。

【解说】积累千金万贯的家产，也不如自己学有一点微薄的吃饭本领来得可靠。

不得以有学之贫贱比于无学之富贵。

【出处】北齐·颜之推《颜氏家训·勉学》

【解说】不要将贫贱而有学问的人和没学问的富贵人进行比较。

积一勺以成江河，累微尘以崇峻极。

【出处】唐·房玄龄等《晋书·虞溥传》

【注释】崇，聚。峻极，高山。

【解说】一点一滴地积累，久而久之便成为江河；一小粒一小粒积累，尘土也会聚成高山。

荆山之璞虽美，不琢不成其宝。

【出处】唐·房玄龄《晋书·景帝纪》

【注释】荆山，在湖北省西部，武当山东南，汉江西岸。上有抱玉岩，相传春秋楚国卞和得宝玉于此。璞，未雕琢的玉。

【解说】荆山玉石虽然美妙，但是如果不雕琢就不能成为宝玉。

黄金未是宝，学问胜珠珍。

【出处】唐·王梵志《黄金未是宝》

【解说】黄金万两不是什么财宝，学问精深胜过万颗珍珠。

三余广学，百战雄才。

【出处】唐·杨炯《唐昭武校慰曹君神道碑》

【注释】三余，指冬者岁之余，夜者日之余，阴雨者时之余。

【解说】利用业余时间拓展学问，才能成就百战百胜的雄才大略。

不勤于始，将悔于终。

【出处】唐·吴兢《贞观政要·尊敬师傅》

【解说】开始时不勤奋，最终将要后悔。

日闻所未闻，日见所未见。

【出处】唐·吴兢《贞观政要·尊敬师傅》载刘洎上书

【解说】每天能听到从前未听到的消息，每天能看到从前未看到的事物。

君不见黄河之水天上来，奔流到海不复回。君不见高堂明镜悲白发，朝如青丝暮成雪。

【出处】唐·李白《将进酒》

【注释】高堂，父母。

【解说】你不见那黄河之水从天际流来，奔流到东海一去不回还；你不见那老父老母面对明镜和白发正在悲叹人生，早晨的青发到了晚上就变白了。

三万六千日，夜夜当秉烛。

【出处】唐·李白《古风》

【解说】人生一百年，共有三万六千日，应当天天晚上秉烛读书。

天地者，万物之逆旅；光阴者，百代之过客。

【出处】唐·李白《春夜宴从弟桃花园序》

【注释】逆旅，旅社、客店。百代，犹历代。

【解说】天地是万物过往的旅店；光阴是历代的匆匆过客。

富贵必从勤苦得，男儿须读五车书。

【出处】唐·杜甫《柏学士茅屋》

【解说】人生富贵要从勤劳刻苦中才能获得，男子汉必须读完五车书籍。

腹中书籍幽时晒，肋后医方静处看。

【出处】唐·杜甫《七夕》

【解说】心中读过的书籍，在闲暇时也要经常晒一晒；改正本人毛病的良方，在安静时也要常看一看。

桂折一枝先许我，杨穿三叶尽惊人。

【出处】唐·白居易《喜敏中及第偶示所怀》

【注释】桂折一枝，喻科举及第。杨穿三叶，形容善射。

【解说】考完试高中的榜中先有了我，百步之外，只一箭便射中目标，使人惊喜。

莫言三十是年少，百岁三分已一分。

【出处】唐·白居易《花下自劝酒》

【解说】不要说三十岁还年轻，即使活一百年，也已近三分之一。

黑发不知勤学早，白首方恨读书迟。

【出处】唐·颜真卿《劝学》

【解说】满头黑发时不知道早点勤奋学习，满头白发时方才悔恨读书太晚了。

欲并老容羞白发，每看儿戏忆青春。

【出处】唐·刘长卿《戏题增二小男》

【解说】想要和孩子比面容，却因满头白发已生羞；每次看到孩子们嬉戏时就想起了自己年轻时。

君不见芳树枝，春花落尽蜂不窥。

【出处】唐·贺兰进明《行路难》

【注释】窥，看。

【解说】你不见那翠绿的树枝上，春天的花朵一旦落光了，即使蜜蜂也不看那树一眼。

百川赴海返潮易，一叶报秋归树难。

【出处】唐·鲍溶《始见二毛》

【注释】一叶报秋，指秋叶凋落。

【解说】大江大河奔腾赴海，还可以借助潮头水倒流；到了秋天，一片树叶落下去，再想回到树上可是难上加难。

昨日之日不可追，今日之日须臾期。

【出处】唐·卢仝《叹昨日》

【注释】须臾，片刻。

【解说】昨日的时光已经不可追回；今天的时日也只是片刻工夫就要溜走了。

年年岁岁花相似，岁岁年年人不同。

【出处】唐·刘希夷《代悲白头翁》

【解说】每年每岁花开花落相似，每岁每年人貌不同。

莫见长安行乐处,空令岁月易蹉跎。

【出处】唐·李颀《送魏万之京》

【解说】不要因为看到京城有许多行乐处所,白白地让岁月光阴轻易地溜掉。

睹一事于句中,反三隅于字外。

【出处】唐·刘知几《史通·叙事》

【注释】反三隅,善于类推,举一反三。

【解说】读史书在字面上看到的是一件事,在字外却能由此类推看到许多事。

学广而闻多,不求闻于人。

【出处】唐·韩愈《争臣论》

【注释】闻于人,为人所知。

【解说】学问广博,见闻丰富,但是不去刻意追求为人所知。

学所以为道,文所以为理。

【出处】唐·韩愈《送陈秀才彤序》

【解说】学习是为了掌握规律,著文是为了阐述道理。

口不绝吟于六艺之文,手不停披于百家之编。

【出处】唐·韩愈《进学解》

【注释】六艺:指《诗经》、《尚书》、《易经》、《礼》、《乐经》、《春秋》六经。编,书籍。

【解说】嘴上要常吟诵儒家六艺文章,手中要常披阅诸子百家著作。

根之茂者其实遂，膏之沃者其光晔。

【出处】唐·韩愈《答李诩书》

【注释】遂，顺利地成熟。膏，油脂。晔，明亮。

【解说】根基发达，其果实就会成熟；土地肥沃，其果实就会灿烂。

耳擩目染，不学以能。

【出处】唐·韩愈《清河郡公房公墓碣铭》

【注释】擩，同"濡"，沾。

【解说】耳朵天天听，眼睛天天看，即使不太学习也能够学会。

古之学者必有师。师者，所以授业传道解惑也。

【出处】唐·韩愈《师说》

【解说】古时候的学者一定都有老师。老师是教授学业、传播知识、解答困惑的。

闻道有先后，术业有专攻。

【出处】唐·韩愈《师说》

【解说】老师与学生相比，只是明白的道理早一些；老师与老师相比，从事的专业学术有所不同。

读书贫里乐，搜句静中忙。

【出处】唐·裴说《句》

【解说】读书时即使身处贫困也得其乐，一有工夫就忙着搜索枯肠吟诗作赋。

数间茅屋闲临水，一盏秋灯夜读书。

【出处】唐·刘禹锡《送曹璩归越中旧隐诗》

【解说】数间小草房散落在江边，一盏秋灯伴随人夜中读书。

一卷素书消永日，数茎斑发对秋风。

【出处】唐·刘禹锡《和苏十郎中谢病闲居时严常侍萧给事同过访叹初有二毛之作》

【解说】一本古书伴我度过漫长夏日，数根白发面对瑟瑟秋风。

其为书，处则充栋宇，出则汗牛马。

【出处】唐·柳宗元《陆文通先生墓表》

【解说】他家的藏书，堆起来能装满几栋房子，运出去能装几大车，拉车的牛马都要出汗。

日异其能，岁增其智。

【出处】唐·柳宗元《祭吕敬叔文》

【解说】每天都能学到不同的本领，每年都能增长一些新智慧。

学非探其花，要自拔其根。

【出处】唐·杜牧《留诲曹师等诗》

【解说】学习并不是为了寻找花朵美耀自我，而是要努力提高自己，把自己连根拔起。

人生直作百岁翁，亦是万古一瞬中。

【出处】唐·杜牧《池州送孟迟先辈》

【注释】直，即使。

【解说】人的一生即使是百岁长寿老翁，在古往今来的时间上也是一瞬间。

四时最好是三月，一去不还惟少年。

【出处】唐·韩偓《三月》

【解说】一年四季中最好的季节是阳春三月，人生中一去不还的只有少年时光。

白日莫闲过，青春不再来。

【出处】唐·林宽《少年行》

读书不觉已春深，一寸光阴一寸金。

【出处】唐·王贞白《白鹿洞》

才饱身自贵，巷荒门岂贫。

【出处】唐·孟郊《题韦丞总吴王故城下幽居》

【解说】才华满腹后地位自然尊贵，里巷荒疏家门却不会贫困。

惟书有色，艳于西子；惟文有华，秀于百卉。

【出处】唐·皮日休《目箴》

【注释】华，文采。

得剑乍如添健仆，亡书久似失良朋。

【出处】唐·司空图《退栖》

【注释】乍，忽。亡，失去。

【解说】得到一把宝剑，最初就像增加了雄健的仆人，丢了一本好书，好长时间像失去了一位好朋友。

刺股情方励，偷光思益深。

【出处】唐·孟简《惜分阴》

【注释】刺股，用战国苏秦用锥刺大腿读书典故。偷光，用汉代匡衡借邻家烛光读书典。

【解说】像苏秦那样锥刺股般读书，其情操才会更可激励；像匡衡那样借邻人烛光读书，其思想才会更加深沉。

榜入金门去，名从玉案来。

【出处】唐·顾非熊《酬陈标评事喜及第与段何共贻》

【注释】玉案，几案的美称。

【解说】黄榜从金门传入，大名从玉案传来。

鬓白只应秋炼句，眼昏多为夜抄书。

【出处】唐·杜荀鹤《闲居书事》

【解说】头发白了，只是因为秋夜里时常炼句吟诗；眼睛花了，多是因为夜里抄书太多。

青山入眼不干禄，白发满头犹著书。

【出处】唐·徐黉《赠黄璞》

【解说】眼中只有青山绿水，不去要官要禄，满头白发时还在那里埋头著书。

好事尽从难处得，少年无向易中轻。

【出处】唐·李咸用《送谭孝廉赴举》

【解说】许多好事都是从艰难处得来，年轻人不要选择容易且轻飘飘的担子。

莫言大道人难得，自是功夫不到头。

【出处】唐·吕岩《绝句》

【注释】大道，至理。

【解说】不要说至极的真理普通人很难得到，只是因为下的功夫还不到头。

学古不泥古。

【出处】后晋·刘昫《旧唐书，孙思邈传》

【解说】学习古人却不被古人所局限。

善之本在教，教之本在师。

【出处】宋·李觏《广潜书》之十五

【解说】善良的根本在于有教养；有教养的根本在于有名师。

无可奈何花落去，似曾相识燕归来。

【出处】宋·晏殊《示张寺丞王校勘》

【解说】百花在无可奈何之中纷纷落去；春燕双双飞回来了，好像是去年的老相识。

为君持酒劝斜阳，且向花间留晚照。

【出处】宋·宋祁《玉楼春》

【注释】劝，挽留。

【解说】为你把酒劝阻那西下的夕阳，暂且在花间留下这如火的夕阳余晖。

三百六旬有六日，光阴过眼如奔轮。周而复始未尝息，安得四时长似春？

【出处】宋·邵雍《光阴吟》

【注释】奔轮，奔跑的车轮。

少年易学老难成，一寸光阴不可轻。

【出处】宋·朱熹《偶成诗》

【解说】少年时学习还容易，老年时才知事业难成；因此一寸光阴也不可轻易抛弃。

强学博览，足以通古今。

【出处】宋·欧阳修《赐翰林学士吴奎乞知青州不允诏》

【解说】自强不息，努力学习，博览群书，这样就可以知古通今。

得其大者可以兼其小，未有学其小而能至其大者也。

【出处】宋·欧阳修《易或问三首》

【解说】学得的知识很大，自然可以兼有许多小学问；没有学问小却能成为大学者的。

滞者导之使达，蒙者开之使明。

【出处】宋·欧阳修《夫子罕言利命仁论》

【解说】停顿困惑的通过教导使其前进发达，蒙昧愚钝的通过开导使之明白晓畅。

教化之本，出于学校。

【出处】宋·苏洵《议法》

【解说】教化人民的根本在于学校。

博观而约取，厚积而薄发。

【出处】宋·苏轼《杂说·送张琥》

【注释】薄发，不随便发表意见。

【解说】博览群书而能取得主要思想；多多储存却能慎重发表意见。

匹夫而为百世师，一言而为天下法。

【出处】宋·苏轼《潮州韩文公庙碑》

【注释】匹夫，普通人。

【解说】一个普通人却成为千百年来的师表，他说的一些话却成为天下人共同遵守的准则。

春宵一刻值千金，花有清香月有阴。

【出处】宋·苏轼《春宵》

【注释】春宵，春夜。一刻，古时以漏计时，分一昼夜为一百刻。此指时间极短。

【解说】春夜里一刻时光就值千金，此时花儿送来阵阵清香，月儿洒照出点点花影。

挥汗读书不已，人皆怪我何求。我岂更求荣达，日长聊以销忧。

【出处】宋·秦观《宁浦书事》

【解说】荣达，光荣发达。

君子莫大于学，莫害于画，莫病于自足，莫罪于自弃。

【出处】宋·晁说之《晁氏客语》

【注释】画，停止。

【解说】君子一生中，最大的事是学习，最大的害处是停步不前，最大的疾病是自满，最大的罪过是自弃。

学欲博，不欲杂；守欲约，不欲陋。

【出处】宋·胡宏《胡子知言·仲尼》

【注释】守，奉行，遵守。约，要领，重点。陋，不合理，不得要领。

【解说】一个人的知识要广博，但不能太杂乱；一个人的操守要有重点，不能没有要领。

成人不自在，自在不成人。

【出处】宋·罗大经《鹤林玉露·宋文公帖》引谚语

【解说】有成就的人都不可能自由自在，自由自在的人都不是有成就的人。

学不必博，要之有用；仕不必达。要之无愧。

【出处】宋·罗大经《鹤林玉露·学仕》

【解说】学问没必要太博大，主要是有用；为官不一定非发达，主要是无愧于心。

教人至难。必尽人之材，乃不误人。

【出处】宋·张载《语录抄》

【解说】教育人是最难的。一定要努力使人人尽其才，这样才不至误人子弟。

学者观书，每见每知新意则学进矣。

【出处】宋·张载《语录中》

【解说】有学问的看书，每看一次，每次都能得出一些新的思想，这样学问才算有长进。

人若志趣不远，心不在焉，虽学无成。

【出处】宋·张载《经学理窟·义理》

【解说】一个人如果志向不远大，思想不集中，虽然学习了，但终无所成。

于不疑处有疑，方是进矣。

【出处】宋·张载《经学理窟·义理》

【解说】在无可怀疑的地方发现了疑问，这才是进步。

学贵专，不以泛滥为贤。

【出处】宋·程颐《为太中作试汉州学生策问》

【注释】贤，好。

【解说】学习最可贵的是专一，以不乱看乱学为最好。

共君一夜话，胜读十年书。

【出处】宋·程颐《伊川先生语》卷八

【注释】共，与，和。

循序而渐进，熟读而精思。

【出处】宋·朱熹《读书之要》

【注释】精，精心，专诚。

【解说】读书要按照顺序从前向后慢慢地进展；要一遍又一遍地反复读看，认真思考。

旧学商量加邃密，新知培养转深沉。

【出处】宋·朱熹《鹅湖寺和陆子寿》

【注释】商量，指进一步讨论。

【解说】从前的学问经过讨论更加深刻细密；新学的知识经过巩固已转向深沉。

为学之道，莫先于穷理，穷理之要，必在于读书。

【出处】宋·朱熹《性理精义》

【解说】治学的途径，要首先探究至理；探究至理的主要方法，一定是要多读书。

向来枉费推移力，此日中流自在行。

【出处】宋·朱熹《观书有感》

【解说】从前不肯学习，白费了许多推动之力；如今好学，每天在读书的生活中正如船在江心顺水自在而行。

兼取众长，以为己善。

【出处】宋·朱熹《答林叔和》

【解说】要广泛吸取众人的长处，并将其作为自己的长处。

濯去旧见，以来新意。

【出处】宋·朱熹《学规类编》

【注释】濯，zhuó，洗。

【解说】要洗掉自己的旧思想，以产生新的意境。

读书有三到，谓心到、眼到、口到。

【出处】宋·宋熹《训学斋规·读书写文字》

大抵为学，虽有聪明之资，必须做迟钝功夫始得。

【出处】宋·朱熹《朱子语类》卷八

【解说】治学这件事，一般来说虽然有聪明的天资，也要下笨功夫才能获得。

读书之法，莫贵于循序而致精。

【出处】宋·朱熹《性理精义》

【注释】精，精熟。

【解说】读书学习的方法，最可贵的是要循序渐进，达到精益求精。

未得乎前，则不敢求其后；未通乎此，则不敢志乎彼。

【出处】宋·朱熹《读书之要》

【注释】志，记。

【解说】读书学习，没有得到前面的知识，则不敢去学后面的知识；在这方面尚未通晓，就不要再去研究其他方面。

循序而渐进，熟读而精思。

【出处】宋·朱熹《读书之要》

书中自有黄金屋，书中自有颜如玉。

【出处】宋·赵恒《劝学文》

【注释】颜如玉，面容美如玉，指代美女。

【解说】书要是读好了，自然会有用黄金筑成的房子，也自然会有美貌的女子。这句话反映出旧时人们的读书观念，是为了升官发财，获得享受。

知之愈明，则行之愈笃；行之愈笃，则知之愈明。

【出处】宋·黎靖德《朱子语类》第九卷

【解说】对理论理解得越清楚，那么行动上就会越坚决认真；在行动上越坚决认真，那么在理论上也就越清楚。

岁月已往者不可复，未来者不可期，见在者不可失。

【出处】宋·林逋《省心录》

【注释】期，等待。见在，犹"现在"。

【解说】时光已经过去的不能再回来，尚未到来的也不可预料，正在眼前的不可轻易失去。

不深思则不能造其学。

【出处】宋·杨时《河南程氏粹言·论学》引程颐语

【注释】造，造就。

【解说】不深思熟虑就不能造就学问。

学不博者不能守约。志不笃者不能力行。

【出处】宋·杨时《河南程氏粹言·论学》引程颐语

【注释】守约，掌握要领。笃，专一。

【解说】学习不广博的人则不能把握要领，志向不专一的人不能身体力行。

进学不诚则学杂，处事不诚则事败。

【出处】宋·杨时《河南程氏粹言·论学》引程颐语

【注释】诚，专心。

【解说】学习不专心则容易学得太杂，处事不真诚则事情每每失败。

白发无凭吾老矣！青春不再汝知乎？

【出处】宋·俞良弼《教子诗》

【注释】无凭，无所依恃。

【解说】如今满头白发，我已经老了，再没有什么依仗了！孩子们，你们的青春也不会再来了，知道吗？

年将弱冠非童子，学不成名岂丈夫！

【出处】宋·俞良弼《教子诗》

【注释】弱冠，旧指二十岁，也泛指青年。

【解说】年龄很快就要二十岁了，已经不是小孩子；如果不努力在学习上成名，怎么算是大丈夫。

学非师而功益劳，友非人而过益滋。

【出处】宋·黄晞《聱隅子·生学》

【注释】非师，指求师非人。劳，徒劳。过益滋，更增加错误。

【解说】学习如果未找到好老师就会使功效越加减少；交友如果未找到好朋友就会使过错日益过多。

生而不知学，与不生同；学而不知道，与不学同；知而不能行，与不知同。

【出处】宋·黄晞《聱隅子·生学》

【注释】道，道理。

【解说】生在人世却不知道学习，与死去了一样；学习了却不知道道理，与没学习一样；知道道理却不能实践，与不知道道理一样。

蹉跎莫遣韶光老，人生惟有读书好。

【出处】宋·翁森《四时读书乐》

【解说】岁月如梭，不要等到珠黄人老；人生在世，只有读书学习最好。

读书之乐何处寻？数点梅花天地心。

【出处】宋·翁森《四时读书乐》

【解说】读书的乐趣到何处寻找呢？且看那雪中数点梅花，代表着它以天地为心。

开卷有益。

【出处】宋·王辟之《渑水燕谈录》卷六

【解说】打开书本就会有收获。

消磨岁月书千卷，零落江湖酒一杯。

【出处】宋·张耒《发泗州》

【解说】打发时光依靠读书千卷；浪迹江湖仰仗浊酒一杯。

养不教，父之过；教不严，师之惰。

【出处】宋·王应麟辑《三字经》

【解说】养育了儿孙却没有教养，这是父亲的过错；教学不严格，是老师的懒惰。

古人学问无遗力，少壮功夫老始成。纸上得来终觉浅，绝知此事要躬行。

【出处】宋·陆游《冬夜读书示子聿》

【注释】绝知，彻底弄懂。躬行，亲身实践。

【解说】古代贤人在治学上不遗余力，少年和壮年就下苦功夫到考了才成功。在书上得来的知识始终觉得太浅显，现在才懂得治学这件事要亲身实行。

读书不放一字过，闭户忽惊双鬓秋。

【出处】宋·陆游《寄题吴斗南玩芳亭》

【解说】专心读书，不放过每一个字；大门紧闭，忽然发现人已年迈白头。

不是一番寒彻骨，争得梅花扑鼻香？

【出处】元·高明《琵琶记·旌表》

【注释】争，怎么。

【解说】如果不是经历了一番彻骨寒冷，怎么能有梅花今日的扑鼻香呢？

不敢妄为些子事，只因曾读数行书。

【出处】元·陶宗仪《南村辍耕录》

【注释】些子，一点儿。

【解说】不敢乱做一点儿事，只因为曾经读过一些书。

未老身犹书卷里，不眠人在漏声中。

【出处】明·李东阳《斋居》

【注释】漏，古代滴水计时的仪器。

【解说】还没有老去的躯体埋在书卷里，不能入眠的人仍在漏声中攻读。

至博而约于精，深思而敏于行。

【出处】明·方孝孺《书签》

【注释】约，简要。敏，迅速。

【解说】知识渊博的人在精通的基础上会更加简要，有深刻思想的人在行动上也十分机敏。

知者行之始，行者知之成。

【出处】明·王守仁《传习录》

【注释】知，求知。成，完成。

【解说】求知是行动的开始；行动是求知的结果。

路途之险夷，必待身亲履历而后知。

【出处】明·王守仁《传习录》

【注释】履历，勘踏，经历。

【解说】一路上的平坦与危险，一定等到亲身经历体验后才能知道。

广识未必皆当，而思之自得者真；泛讲未必吻合，而习之纯熟者妙。

【出处】明·王廷相《慎言·潜心》

【注释】吻合，合于事理。习，运用。

【解说】广博的知识未必都是正确的，而经过认真思考自己心有所得的才是真知；广泛地讲述未必都与事实吻合，但是运用到纯熟的地步才是妙语。

学博而后可约，事历而后知要。

【出处】明·王廷相《慎言·见闻》

【注释】约，要领，要点。要，本质。

【解说】学问渊博之后才有可能把握要领；事情只有亲身经历后才有可能认识本质。

君子之学，博于外而尤贵精于内，论诸理而尤贵达于事。

【出处】明·王廷相《慎言·潜心》

【注释】论，谈论。达，通晓。

【解说】君子的学问，不仅外表博大而且内涵尤为精深；不仅理论上说理通而且在行事尤其豁达。

轻言能悟即非悟，漫道无疑便是疑。

【出处】明·冯从吾《读书》

【注释】轻言、漫道，轻易说。

【解说】轻易地说能理解就是没理解；轻易地说没问题就是有问题。

善学者穷于一物，不善学者穷于物物。

【出处】明·庄元臣《叔苴子内篇》卷四

【注释】物物，各种事物。

【解说】善于治学的人只探究一种事物便能触类旁通；不善于治学的人只好一个又一个去探究事物。

琴书诗画，达士以之养性灵，而庸夫徒赏其迹象。山川云物，高人以之助学识，而俗子徒玩其光华。可见事物无定品，随人识见以为高下。故读书穷理要以识趣为先。

【出处】明·洪应明《菜根谭》

【解说】弹琴、写字、作诗、画画，放达人士靠这些活动来修养心性，而一般人却仅仅欣赏其艺术形式。大山、河流、白云、万物，高明人靠这些增长学识，而一般人却仅仅玩赏其风光美丽。可见客观事物本身并没有等级差别，而是随人们的看法而产生了高低之分。所以读书学习要以了解其中真趣为第一。

书卷多情似故人，晨昏忧乐每相亲。眼前直下三千字，胸次全无一点尘。

【出处】明·于谦《观书》

【注释】直下，一直读下去。胸次，胸中。

【解说】书籍就像那有感情的老朋友，早晨和晚上，忧愁和欢乐时都与我相伴。一口气读完三千字，胸中便不会再有一点人世上的灰尘。

抚景怜秋尽，观书喜夜长。

【出处】明·刘溥《斋居杂兴》

【解说】欣赏美好风景，叹惜秋日将尽；观看美妙图书，庆幸今夜较长。

学非言之难，用之为难。

【出处】明·张居正《赠毕石庵先生宰朝邑叙》

【解说】学问并不难讲，难在应用上。

根本固者，华实必茂；源流深者，光澜必章。

【出处】明·张居正《翰林院读书说》

【注释】华实，花和果实。华，通“花”。光澜，水色和波浪。章，彰明。

【解说】根基牢固的，其花朵、果实一定会茂盛硕大；源流深远的，其水色、波浪一定会有光彩。

读万卷书，行万里路。

【出处】明·董其昌《画旨》

【解说】只有读了万卷书，才能走出万里路。

要知天下事，须读古人书。

【出处】明·冯梦龙《醒世恒言·三孝廉让产立高名》

【注释】须，必须。

大志非才不就，大才非学不成。

【出处】明·郑心材《郑敬中摘语》

【解说】大志向，没有才能不能成就；大才能，不努力学习不会成。

学者如禾如稻，不学者如草如蒿。

【出处】明·佚名《增广昔时贤文》

【解说】有学问的人，像禾苗稻秧一样，垂头而立；没学问的人，像野草蓬蒿一样，翘首扬头。

枯木逢春犹再发，人无两度再少年。

【出处】明·佚名《增广昔时贤文》

【注释】发，发芽。

【解说】即使是枯死的树木赶上春天还会再次发芽，而人的一生却会不再有二次少年。

光阴似箭，日月如梭。

【出处】明·佚名《增广昔时贤文》

【注释】梭，旧时织机部机件，反复穿行织线间。

循天理处安吾分，占便宜处甘吾笨，咬牙切齿反吾身，狠读书为本。

【出处】明·冯惟敏《醉太平·家训》

【解说】面对天理公道时我要安分守己；有便宜可占时甘心

于自己愚笨，与别人矛盾时反省自己的行为，到头来还是以多读书为根本。

饶你天才，青春挽不来。饶你仙胎，白头撇不开。

【出处】明·冯惟敏《折桂令》

【注释】饶，任凭。

【解说】即便你是天生的才子，青春年华也挽留不住；即便你是仙人的后代，满头白发也撇不开。

不受苦中苦，难为人上人。

【出处】明·吴承恩《西游记》第三十二回

切己工夫只恨少，会心言语岂须多。

【出处】明·冯从吾《读书》

【解说】适合自己读书的时间只恨太少了，彼此会心的语言用不了太多。

一语不能践，万卷徒空虚。

【出处】明·林鸿《饮酒》

【注释】空虚，无意义。

【解说】一句话都不能实践，即使读了万卷书也是空无。

花前人是去年身，去年人比今年老。

【出处】明·唐寅《花下酌酒歌》

【解说】今年花又开时，站在花前的人仍然是去年来此看花的人；去年的人反倒觉得比今年的人要老。

凄风苦雨之夜，拥寒灯读书，时闻纸窗外，芭蕉淅沥作声，亦殊有致。此处理会得过，更无不堪情景。

【出处】明·谢肇淛《五杂俎》

【解说】凄风苦雨之夜，靠着寒夜里的灯光读书，不时地听到纸窗外，雨水敲打着芭蕉叶发出淅淅沥沥的声音，也觉得很有情致。这样的情境都能忍受得了，那么再也没有不能忍受的情境了。

读未曾见之书，历未曾到之山水，如获至宝、尝异味，一段奇快，难以语人也。

【出处】明·谢肇淛《五杂俎》

【解说】读没有读过的书，游览没有到过的山水名胜，就像得到最珍贵的宝物，尝到奇异的味道一样，那特别畅快的感觉，是语言所难以表述的。

总得花看能几日，最难留惜是芳时。

【出处】明·高启《答陈校理寻花之落之作》

【注释】芳时，开花的时节。

【解说】即便是天天去看花，一年能有几日；最难留住，十分可惜的是那开花的时节。

世人少壮几时好，等闲倏作鸡皮翁。

【出处】清·程梦星《老人峰歌》

【注释】倏，shū，忽然。鸡皮翁，形容老年人。

【解说】世上的人们少壮年轻时又能有几时好，在平常的生活中突然变成满脸疙瘩的小老头。

看书多撷一部，游山多走几步。倘非广见博闻，总觉光阴虚度。

【出处】清·袁枚《随园诗话补遗》卷四

【注释】撷，取。

【解说】看书时多拿一部，就如同游山玩水时多走一步。如果不是广见博闻，一生便是光阴虚度。

学如弓弩，才如箭镞。识以领之，方能中鹄。

【出处】清·袁枚《续诗品·尚识》

【注释】镞，箭头。领，指导。鹄，箭靶中央。

【解说】学习过程就像制造弓箭，增长才华就像磨尖箭头；再用胆识来引领，才能达到目标。

志士惜年，贤人惜日，圣人惜时。

【出处】清·魏源《默觚·学篇三》

【解说】有志向的珍惜一年又一年的时光，有贤才的人珍惜每一天，圣明的人珍惜每一时刻。

身教亲于言教。

【出处】清·魏源《默觚·学篇》

【注释】亲于，犹言"重于"。

【解说】用自己的行为教导别人比用语言更亲切，更有效果。

教人者，成人之长，去人之短也。

【出处】清·魏源《默觚下·治篇七》

【解说】教育别人，就是使他的优点不断发扬，使他的缺点不断去掉。

学易而好难，行易而力难。

【出处】清·王夫之《俟解》

【注释】好，指学习得好。力，指尽力而行。

【解说】学习容易，但学好了难；行动容易，但做好了难。

才以用而日生，思以引而不竭。

【出处】清·王夫之《周易外传》卷四

【注释】以，因。引，引发。

【解说】才华因为应用而日益生发；思想因为启发而无穷无尽。

耳限于所闻，则夺其天聪；目限于所见，则夺其天明。

【出处】清·王夫之《读通鉴论》卷十

【注释】天聪，天生的听觉。天明，天生的视觉。

【解说】如果一个人只局限于亲耳所闻，那么久而久之就会成为聋子；如果一个人只限于亲眼所见，那么久而久之就会成瞎子。

自觉分寸长，用之终已短。

【出处】清·顾炎武《岁暮》

【注释】方寸长，很不错，了不起。

【解说】自己觉得了不起，但实际用起来还是有短处。

人之为学，不可自小，又不可自大。

【出处】清·顾炎武《日知录》

【解说】人在学习上，不可自弃，又不可自大。

衣上辛勤慈母线，箧中珍重故人书。

【出处】清·汪文桂《秋日同季弟归里和韵》

【注释】箧，小箱子。

【解说】身上衣服是慈母辛勤的针线，箱中书信是老朋友珍贵的感情。

仰观泰山，知群山之卑；临视北海，知众流之小。

【出处】清·戴震《与方希原书》

【注释】卑，低下。北海，指渤海。

【解说】抬头仰望泰山，才知道群山不高；面对大海，才知道江河的狭小。

为善最乐，读书更佳。

【出处】清·阮葵生《茶余客话》卷十二

【解说】做好事最令人高兴，读好书令人心情更佳。

纵然生得好皮囊，腹内原来草莽。

【出处】清·曹雪芹《红楼梦》第三回。

【解说】即便生得一副好模样，但肚子里全是些野草。

书到用时方恨少，事非经过不知难。

【出处】清·杜文澜《古谣谚》

【解说】到了有用时才嫌自己读的书太少，有些事情如果不是亲自经历不会知道有多难。

才智英敏者，宜加浑厚学问。

【出处】清·申居郧《西岩赘语》

【解说】才华智慧都敏捷的人，更应当有浑厚的学问。

一日不读书，胸臆无佳想。一月不读书，耳目失精爽。

【出处】清·萧抡《读书有所见作》

【解说】一天不读书，心中没有奇妙的想法。一月不读书，耳目都会失去精神，不会清爽。

善读书者，始乎博，终乎约。

【出处】清·汪琬《传是楼记》

【注释】约，指专一深入。

【解说】善于读书学习的人，从广博的知识面开始，到得其要领时终结。

讲之功有限，习之功无已。

【出处】清·颜元《颜李遗书·总论诸儒讲学》

【解说】讲授的时间有限，而学习的时间无限。

学而必习，习又必行。

【出处】清·颜元《习斋言行录》卷下

【注释】行，实行，实践。

【解说】学习了一定要反复温习，反复温习了就一定要实践。

为学务根柢，行文净冰雪。

【出处】清·顾嗣立《读元史》

【解说】治学一定要从根本做起，写文章一定要干净得如冰似雪。

不尤人则德益弘，能克己则学益进。

【出处】清·蒲松龄《聊斋志异·习文郎》

【注释】弘，光大。

【解说】凡事不埋怨他人那么德行就会日益宏大，能够克制自己那么学问就会日益长进。

十分学力要抛三，各有灵苗各自探。

【出处】清·郑燮《兰》

【注释】抛，指去其糟粕。灵苗，好苗。

【解说】付出了十分的学习功夫，要把所学的东西抛弃三分；就像选择好苗留下来一样，这种功夫自己要探索研究。

学必求其心得，业必贵于专精。

【出处】清·章学诚《文史通义·博约》

【解说】学习了就一定要追求思想上有所收获，从事职业贵在精通专一。

聋者目善视，瞽者耳善闻。

【出处】清·刘岩《病中杂诗》

【注释】瞽，眼有疾病。

【解说】耳聋者的眼睛特别好用；眼睛有病的人耳朵特别灵敏。

读书如树木，不可求骤长。

【出处】清·法式善《读书》

【解说】读书学习像植树，不可追求成长得太快。

读书如行路，历险毋惶惑。

【出处】清·法式善《读书》

【解说】读书就像走路，遇到艰险不要惊慌失措。

敬教劝学，建国之大本；兴贤育才，为政之先务。

【出处】清·朱舜水《劝兴》

【注释】敬，重视。

【解说】重视教育，鼓励学习，是国家建设的根本大事；兴举贤人、培育人才，是执政的最先事务。

三日不读，口生荆棘；三日不弹，手生荆棘。

【出处】清·宋舜水《答野节问》

【注释】弹，指弹琴。

学问无大小，能者为尊。

【出处】清·李汝珍《镜花缘》第二十三回

【注释】大小，指长幼。

【解说】在治学上没有长幼之分，要优秀者为尊长。

学者有过，患无能改，不患无能言者。

【出处】清·陈确《志喜篇》

【注释】能言，指承认错误。

【解说】有学问的人有了错误，最怕不能改正，不怕他自己不承认。

董遇见从学者苦渴无日，遇曰："当以三余：冬者岁之余，雨者晴之余，夜者日之余。"读书者当作此观。

【出处】清·吴恺《读书十六观补》

【注释】董遇：三国时魏国人，是研究《老子》的学者。

【解说】董遇看到跟随他学习的人，苦恼没有时间攻读，就说："应当用这三种余暇时间来读，冬天是一年的余暇，雨天是晴天的余暇，夜晚是白天的余暇。"读书的人应该这样来对待时间。

尤延之尝谓："饥，读之以当肉；寒，读之以当裘；孤寂而读之，以当朋友；幽忧以读之，以当金石琴瑟。"其嗜书之笃如此，读书者当作是观。

【出处】清·吴恺《读书十六观补》

【注释】尤延之：尤袤，字延之，南宋的学者。幽忧：深深的忧虑。金石琴瑟：钟、磬、琴、瑟等乐器。笃：实心实意。

【解说】尤袤曾经说："饥饿了，就把读书当作肉；寒冷了，就把读书当作皮衣；孤独寂寞时候，就把读书当作朋友；忧愁烦闷的时候，就把读书当作消解和宣泄感情的乐器。"他如此嗜好读书，读书人都应当这样看。

涉猎虽曰无用，犹胜于不通古今；清高固然可嘉，莫流于不识时务。

【出处】清·张潮《幽梦影》

【解说】广泛涉猎群书虽然说不见得有用，但总比不通古今孤陋寡闻要强；品行清高固然可尊可敬，但千万不要成为不识时务之人。

善读书者，无之而非书。山水亦书也，棋酒亦书也，花月亦书也。善游山水者，无之而非山水。书史亦山水也，诗酒亦山水也，花月亦山水也。

【出处】清·张潮《幽梦影》

【解说】善于读书的人，天下万物都是可读之书。山光水色是书，弈棋品酒是书，风花雪月也是书。

善于游览山水的人，天下万物都是可看之山水，书籍历史中有山水，作诗品酒中有山水，花前月下中也有山水。

藏书不难，能看为难；看书不难，能读为难；读书不难，能用为难；能用不难，能记为难。

【出处】清·张潮《幽梦影》

读经宜冬，其神专也；读史宜夏，其时久也；读诸子宜秋，其致别也。读诸集宜春，其机畅也。

【出处】清·张潮《幽梦影》

【解说】读儒家经典书应在冬天，此时精神集中；读历代史书应在夏天，此时全天时间长；读诸子百家书应在秋天，此时景致特别；读历代文学选集应在春天，此时生机盎然。

经传宜独坐读，史鉴宜与友共读。

【出处】清·张潮《幽梦影》

【解说】儒家经典与人物传记适应独自一人读，历史书籍适应与朋友一起共同研读。

读未见书，如得良友，见已读书，如逢故人。

【出处】清·金缨《格言联璧》

【解说】读未读之书，如同新交好友，见到读过的书，就像遇见老朋友。

心不欲杂，杂则神荡而不收；心不欲劳，劳则神疲而不入。

【出处】清·金缨《格言联璧》

【解说】用心不能杂乱，杂乱则心神恍惚不能集中；用心不要劳累，劳累就精神疲惫不能有所收获。

把意念沉潜得下，何理不可得；把志气奋发得起，何事不可做。

【出处】清·金缨《格言联璧》

【解说】能够使意志沉稳专注，任何事理都可以通晓；能够奋发志气，无论何事都会成功。

品

德

树德务滋，除恶务本。

【出处】《尚书·泰誓下》

【注释】滋，培植，增长。

【解说】树立高尚品德一定要一点一滴地积累增长，除去自己的错误一定要从根本上铲除干净。

克勤于邦，克俭于家。

【出处】《尚书·大禹谟》

【注释】克，能。邦，国。家，卿大夫家族。

【解说】能为国而辛劳，能节俭持家。

有容，德乃大。

【出处】《尚书·周书·君陈》

【注释】容，宽容。德，品德。

【解说】有宽容的胸怀，德行才会越来越大。

君子安其身而后动，易其心而后语。

【出处】《周易·系辞下》

【注释】易，使之平和。

【解说】有贤才的人先使自己处于安全的地方之后才行动；先把心境平和之后再开口讲话。

善不可失，恶不可长。

【出处】《左传·隐公六年》

【注释】善，善良。恶，恶习，罪恶。

【解说】一个人善良的方面不可丢掉；罪恶的东西不可增长。

从善如流。

【出处】《左传·成公八年》

【注释】从，跟从。如流，像水流动那样便利快速。

【解说】一个人听从善言或跟随善行，要像流水那样便利。

度德而处之，量力而行之。

【出处】《左传·隐公十一年》

【注释】度德，揣度自己的德行。

【解说】揣度着自己的道德水准去任职工作；估量着自己的能力去做事为人。

贵义而不贵惠，信道而不信邪。

【出处】《春秋谷梁传·隐公元年》

【注释】惠，小恩小惠。

【解说】君子看重道义而轻视小恩小惠；相信规律而不相信歪理邪说。

为尊者讳耻，为贤者讳过，为亲者讳疾。

【出处】《春秋谷梁传·成公九年》

【注释】讳，隐瞒。

【解说】要为尊长者隐瞒羞耻之事；为贤德者隐瞒过错之事；为亲人隐瞒所患的疾病。

不愧于人，不畏于天。

【出处】《诗经·小雅·何人斯》

【注释】愧，愧对。畏，害怕。

【解说】人生天地间要光明磊落，既不愧于人，也不怕老天。

贫而无谄，富而无骄。

【出处】《论语·学而》

【注释】谄，谄媚。骄，骄横。

【解说】贫穷时不要向富贵人谄媚；富贵时不要太骄傲蛮横。

士不可以不弘毅，任重而道远。仁以为己任，不亦重乎！死而后已，不亦远乎！

【出处】《论语·恭伯》

【注释】弘毅，刚强而有毅力。

【解说】有识之士不可以不刚毅有力，因任务重而且前途远。把仁义当作自己的责任，不也是很重吗！直到死了才算完，不也是很远吗！

己欲立而立人，己欲达而达人。

【出处】《论语·雍也》

【解说】自己想要站住脚，也要使别人站住脚；自己想要事事行得通，也要使别人事事行得通。

刚毅木讷，近仁。

【出处】《论语·子路》

【注释】木讷，不善言笑。

【解说】刚强坚毅，不善言笑，这样的人离仁义差不多了。

克己复礼为仁。

【出处】《论语·颜渊》

【注释】克，克制。复，回到。

【解说】克制自己，使言行合乎礼义，这就是仁。

见善如不及，见不善如探汤。

【出处】《论语·季氏》

【注释】如不及，似赶不上，故努力追求。探汤：伸手到沸水里，极言其避之犹恐不及。

【解说】看到别人的善行，应有追赶不上之感；看到别人的不善行为，应有躲避不及之感。

岁寒，然后知松柏之后凋也。

【出处】《论语·子罕》

【注释】岁，季节。凋，凋谢。

【解说】只有到了寒冷的季节，然后才能看出松柏树是最后凋谢的。

邦有道如矢，邦无道如矢。

【出处】《论语·卫灵公》

【注释】有道，国家政治清明。如矢，像箭一样正直。

【解说】正人君子，在国家政治清明时要像箭一样正直，在国家政治昏暗时更要像箭一样正直。

当仁不让于师。

【出处】《论语·卫灵公》

【解说】在所做的事合乎仁德时，即使是对自己的老师也不谦让。

君子泰而不骄，小人骄而不泰。

【出处】《论语·子路》

【注释】泰，平和。骄，骄傲。

【解说】君子在平和得意时从不骄傲；小人由于骄傲而永远不得安宁。

君子矜而不争，群而不党。

【出处】《论语·卫灵公》

【注释】矜，庄重。争，争执，争斗。群，合群。党，结党。

【解说】君子态度端庄而不与人争执；与众人和睦却不搞小圈子。

道听而涂说，德之弃也。

【出处】《论语·阳货》

【注释】涂，同"途"。

【解说】在路上听到什么又在路上传说什么，这种作风应该摒弃。

君子之德风，小人之德草，草上之风必偃。

【出处】《论语·颜渊》

【注释】偃，倒。

【解说】君子的德行如果是风，小人的德行就是草。因为风一刮起来，草就必然要随着倒。

君子学道则爱人，小人学道则易使也。

【出处】《论语·阳货》

【注释】使，使唤。

【解说】君子有了道义就会关爱他人，小人有了道义就容易被人所使唤。

君子以行言，小人以舌言。

【出处】《孔子家语·颜回》

【解说】正人君子用行动来宣传自己的主张；无赖小人只能用舌头来吹嘘自己的理论。

言近而指远者，善言也。

【出处】《孟子·尽心下》

【注释】指，同"旨"，意义。

【解说】言论如果是浅近而且意义深远的，这便是好话名言。

恻隐之心，仁之端也：羞恶之心，义之端也；辞让之心，礼之端也；是非之心，智之端也。

【出处】《孟子·公孙丑上》

【注释】恻隐，同情。

【解说】一旦有了同情心，这是仁爱的开端；一旦有了羞恶心，这是道义的开端；一旦有了推辞谦让之心，这是礼义的开端；一旦有了是非之心，这是智慧的开端。

赠人以言，重于金石珠玉；劝人以言，美于黼黻文章；听人以言，乐于钟鼓琴瑟。

【出处】《荀子·非相》

【注释】劝，勉励。黼黻，（fǔ fú），礼服上绘绣的花纹。文章，华美的色彩。

【解说】用善言赠送他人，这比送人珠宝金银还贵重；用善言去勉励他人，这比有花纹的华美色彩还美丽；听从别人的善言，这快乐要大于钟鼓琴瑟给人的乐趣。

天不为人之恶寒也辍冬，地不为人之恶辽远也辍广，君子不为小人匈匈也辍行。

【出处】《荀子·天论》

【注释】辍，停止。匈匈，同"讻讻"。

【解说】上天不因为有人讨厌寒冷而把冬天缩短；大地不因为有人讨厌路途遥远而把原野缩小；君子也应该不要因为小人气势汹汹而停止自己的行动。

人之生也柔弱，其死也坚强。万物草木之生也柔脆，其死也枯槁。

【出处】《老子》第七十六章

【解说】人在初生的时候是多么柔弱，而在将死之前又是多么坚强；天下的动物、植物在其生长发育时是多么脆弱，而在将死之前又是多么干枯。

美言可以市尊，美行可以加人。

【出处】《老子》第六十二章

【注释】市尊，赢得人尊敬。市，换取。加人，处于人之上，指为人所看重。

【解说】美好的言辞可以赢得人尊敬；美好的行为可以使人敬仰。

胜人者有力，自胜者强。

【出处】《老子》第三十三章

【解说】战胜别人，只不过是有勇力而已；能自我克制的人，才是真正的强者。

轻诺必寡信，多易必多难。

【出处】《老子》第六十三章

【注释】诺，答应。信，守信用。

【解说】一个人如果轻易地许下诺言，一定是缺少信用；如果把事情看得很容易，其结果往往十分困难。

见素抱朴，少私寡欲。

【出处】《老子》第十九章

【注释】见素，展现素朴。素，本指没有染色的丝，这里指朴素的意思。朴，本指没有加工过的木材，这里是指质朴的意思。

【解说】一个人要健康长寿，心情愉快，必须保持朴素的本性，减少私心和嗜欲。

白刃交于前，视死若生者，烈士之勇也。

【出处】《庄子·秋水》

【注释】白刃，快刀利剑。交，交加，并至。烈士，泛指重义轻生、坚贞不屈之人。

【解说】雪白的刀光在眼前飞来飞去，把死亡看成和生存一样，这是烈士英雄的勇敢。

两喜必多溢美之言，两怒必多溢恶之言。

【出处】《庄子·人间世》

【注释】两喜，双方都欢喜时。溢，过多的，夸大的。

【解说】双方都高兴时一定会有许多过了头的好话；双方都发怒时一定会有许多过了火的坏话。

善人者，人亦善之。

【出处】《管子·霸形》

【注释】善人，对人好。

【解说】与人为善者，别人也会善待他。

人无弘量，但有小谨，不能大立也。

【出处】《管子·小谨》

【注释】弘，大。

【解说】一个人没有大的胸怀，只有一些细微的谨慎，不可能有大功建立。

饮食男女，人之大欲存焉；死亡贫苦，人之大恶存焉。

【出处】《礼记·礼运》

【解说】渴饮饥食，男女爱情，人的主要欲望在这方面；惧怕死亡，厌恶贫苦，人的主要担心也在这方面。

敖不司长，欲不可纵，志不可满，乐不可极。

【出处】《礼记·曲礼上》

【注释】敖，同“傲”。

【解说】骄傲情绪不可增长，各种欲望不可放纵，志向理想不可轻易满足，欢喜之事不可达到顶点。

其德薄者其志轻。

【出处】《礼记·祭统》

【解说】一个人的德行浅薄，他的志向也会轻浮。

君子不尽人之欢，不竭人之忠，以全交也。

【出处】《礼记·曲礼上》

【注释】欢，对人的盛情。竭，用尽。

【解说】君子不使人对自己竭尽全部感情；不使人对自己用尽全部忠心，这是为了保全交情。

君子诚之为贵。

【出处】《礼记·中庸》

【解说】正人君子把诚挚坦率作为可贵的东西。

有其言，无其行，君子耻之。

【出处】《礼记·杂记》

【解说】仅仅有理论，而不能付诸实行。正人君子认为这是可耻的。

言必先行，行必中正。

【出处】《礼记·儒行》

【解说】一旦有了主张就一定要倡导施行；一旦有了行动就一定要准确公正。

面誉者不忠，饰貌者不情。

【出处】《大戴礼记·文王官人》

【注释】面誉，当面称赞。饰，掩饰。情，指真情实意。

【解说】当面奉承的人往往不忠实；掩饰面目的人往往没有真情。

言必有主，行必有法，亲人必有方。

【出处】《大戴礼记·曾子立事》

【注释】主，中心。方，方式。

【解说】言谈时必须有中心思想；行动时必须有法则；与人亲近必须有正确的方式。

多私者不义，扬言者寡信。

【出处】《大戴礼记·文王官人》

【注释】扬言，夸言。

【解说】更多地考虑自己私利的人没有道义可讲；说大话的人很少能实践诺言。

微事不通，粗事不能者，必劳；大事不得，小事不为者，必贫。

【出处】《晏子春秋·外篇七》

【注释】微事，精细微小之事。粗事，大事。

【解说】精细微小事不明白，大事又不能做，这样的人必定操劳；大事做不得，小事不肯做，这样的人一定贫困。

饱而知人之饥，温而知人之寒，逸而知人之劳。

【出处】《晏子春秋·内篇》

【解说】君子自己吃饱了却知道还有人未吃饱；自己温暖了

却知道还有人在受冻；自己安逸了却知道还有人在劳动。

言无阴阳，行无内外。

【出处】《晏子春秋·内篇》

【注释】阴阳，指当面与背后。内外，内心与表面。

【解说】正人君子的言谈始终一样，不分当面与背后；行为上思想与行动一致，不分内心与表面。

志不强者智不达，言不信者行不果。

【出处】《墨子·修身》

【注释】达，施展。信，诚实。果，成功。

【解说】立志不坚强的人，他的智慧不得施展；说话不诚实的人，他的行为不会成功。

言不取苟合，行不取苟容。

【出处】《战国策·秦策》

【解说】在言论上不要随便附和同意，在行动上不要随便跟从容忍。

仁不轻绝，智不轻怨。

【出处】《战国策·燕策三》引古语

【注释】绝，与人绝交。

【解说】懂得仁爱的人不轻易与人绝交；有聪明才智的人不轻易怨恨别人。

众心成城，众口铄金。

【出处】《国语·周语下》引古谚

【注释】铄金，熔化金属。

【解说】万众一心可以筑成坚不可摧的城堡；众口一言可以把金属销熔。

从善如登，从恶如崩。

【出处】《国语·周语下》引谚语

【注释】登，登山，极言其难。崩，山崩，极言其易。

【解说】一个人学好就像登山一样困难，需加倍努力；一个人变坏就像山体崩塌一样迅速，不可阻挡。

巧诈不如拙诚。

【出处】《韩非子·说林上》

【注释】拙诚，笨拙诚实。

【解说】乖巧诡诈往往不如笨拙诚实后果好。

不知而言，不智；知而不言，不忠。

【出处】《韩非子·初见秦》

【解说】不了解情况而轻易谈论，是不聪明；了解情况而不发表看法，是不忠实。

言之者无罪，闻之者足以戒。

【出处】《诗大序》

【解说】即使是发表了错误观点的人也没有什么罪过，至少可以让那些听到这些话的人引以为戒。

仁则人亲之，义则人尊之，智则人用之也。

【出处】《尸子》

【解说】你仁爱，人就会亲近你；你主持正义，人们就会尊敬你了；你有智慧，人们就会任用你。

举世皆浊我独清，众人皆醉我独醒。

【出处】战国·楚·屈原《渔父》

【注释】皆，都，全。浊，浑浊。醒，清醒。

【解说】普天下都浑浊，而我一个人独自清白；大家伙都醉了，而我一个人独自清醒。

沧浪之水清兮，可以濯吾缨；沧浪之水浊兮，可以濯吾足。

【出处】战国·楚·屈原《渔父》

【注释】沧浪，水名。濯，zhuó，洗。缨，冠带。

【解说】沧浪的流水如果是清白的，我就用它洗帽带；沧浪的流水如果是混浊的，我就用它洗脚。

与其无义而有名兮，宁穷处而守高。

【出处】战国策·宋玉《九辩》

【注释】守高，保持气节。

【解说】与其无德无义地博取声名，不如宁肯处境贫穷而保守高风亮节。

见侮而不斗，辱也。

【出处】《公孙龙子·迹府》

【注释】见侮，被别人侮辱。

【解说】一个人遭到了别人的侮辱而不去战斗，这是莫大的耻辱。

欲刚必以柔守之，欲强必以弱保之。积于柔必刚，积于弱
必强。

【出处】《列子·黄帝》

【解说】要想刚强，一定要用柔顺保护它；要想强大，一定
要用弱小保护它。因为柔顺积累多了一定会刚强，弱小积累多了
一定会强大。

欲胜人者，必先自胜。

【出处】《吕氏春秋·先己》

【解说】想要战胜别人，一定要先战胜自我。

以富贵而下人，何人不尊：以富贵而爱人，何人不亲。

【出处】《孝经·六本》载孔子语

【注释】下人，居于人之后，谦让。

【解说】如果富贵了还能尊敬别人，什么人还会不尊敬他呢；
如果富贵了还能关爱别人，什么人还会不和他亲近呢！

以义死难，视死如归。

【出处】汉·司马迁《史记·范雎蔡泽列传》

【注释】死难，死于危难。归，回家。

【解说】守义而死于危难，把死看成是回家一样。

生而辱，不如死而荣。

【出处】汉·司马迁《史记·范雎蔡泽列传》

【解说】与其受辱而活着，不如光荣地死去。

恃德者昌，恃力者亡。

【出处】汉·司马迁《史记·商君列传》

【解说】依靠高尚品德的人会日见昌盛，依靠体力强大的人会日见消亡。

欲而不知止，失其所以欲；有而不知足，失其所以有。

【出处】汉·司马迁《史记·范雎蔡泽列传》

【解说】有要求而不知道何时停止，最终将失去其追求的目标；获得了而不知道满足，最终将失去获得的东西。

君子之所贵者，迁善惧其不及，改恶恐其有余。

【出处】汉·徐干《中论·虚道》

【注释】贵，可贵。迁善，向善。

【解说】正人君子所看重的是，向善学好时担心做得不够，改正错误时担心还没彻底。

仁之法在爱人，不在爱我；义之法在正我，不在正人。

【出处】汉·董仲舒《春秋繁露·仁义法》

【注释】正，调整修正。

【解说】履行仁爱的方法主要在于怎样去爱别人，而不在于怎样爱护自己；坚持正义的方法主要在于如何调整修正自己，而不在于调整修正他人。

见善若惊，疾恶若仇。

【出处】汉·孔融《荐祢衡表》

【注释】惊，欣喜若狂。疾，痛恨。

民贫则奸邪生。

【出处】汉·晁错《论贵粟疏》

【解说】人民因为贫困才产生奸邪行为。

处逸乐而欲不放，居贫苦而志不倦。

【出处】汉·王充《论衡·自纪篇》

【解说】身处幸福安逸而不放纵欲望；身处贫寒艰苦而坚持志向不倦怠。

林中多疾风，富贵多谀言。

【出处】汉·桓宽《盐铁论·国疾》

【解说】森林中往往刮大风；富贵人面前往往都是一堆奉承话。

忠无不报，信不见疑。

【出处】汉·邹阳《狱中上梁王书》

【注释】报，报答。见疑，被人怀疑。

【解说】忠心耿耿的人没有得不到报答的；诚守信用的人不会被别人猜疑。

诚无垢，思无辱。

【出处】汉·刘向《说苑·敬慎》

【注释】垢，耻辱。

【解说】为人诚实，办事又善于思考，就不会遭受羞辱。

恶语不出口，苟言不留耳。

【出处】汉·刘向《说苑·谈丛》

【注释】苟言，随便不负责任的话。

【解说】伤人恶语不说出口，道听途说的话不记在心里。

言善毋及身，言恶毋及人。

【出处】汉·刘向《说苑·谈丛》

【解说】谈论优点时不要涉及自己；谈论缺点时不要论及别人。

义不反顾，计不施踵。

【出处】汉·司马相如《谕巴蜀檄》

【注释】反顾，回头。计，决计。旋踵，后退。踵，脚后跟。

【解说】满怀正义时就绝不回头；下定决心后就绝不后退。

圣人不胜其心，众人不胜其欲。

【出处】《文子·符言》

【注释】胜，禁得住。

【解说】圣贤之人禁不住其理想信念对自己的要求；一般大众禁不住其各种欲望对自己的诱惑。

欲人勿闻，莫若勿言；欲人勿知，莫若勿为。

【出处】汉·班固《汉书·枚乘传》

【解说】想要别人听不到，没有比不说更好的办法；想要别人不知道，没有比不做更好的办法。

富贵不归故乡，如衣绣夜行。

【出处】汉·班固《汉书·朱买臣传》

【解说】一个人富贵了如果不回故乡，就像穿着锦绣的衣裳在夜色中行走。

贤而多财，则损其志；愚而多财，则益其过。

【出处】汉·班固《汉书·疏广传》

【解说】贤良的人财富多了，会损减他的志向；愚蠢的人财富多了，会增加他的过失。

饥不从猛虎食，暮不从野雀栖。

【出处】汉·无名氏《猛虎行》

【注释】饥，饥饿。栖，休息。

【解说】正人君子即使饥饿了也绝不会跟随猛虎一道去觅食；即使天黑了无家可归也不能跟野鸟同住。

不取于人谓之富，不屈于人谓之贵。

【出处】《孔丛子》

【解说】一个人不从别人那里索取就是富有；不屈于他人就是尊贵。

穷不易操，通不肆志。

【出处】《淮南子·主术训》

【解说】即使处在穷困之中，也不放弃自己的节操；即使是显达得志之时，也不放纵自己的欲望。

天下有三危：少德而多宠，一危也；才下而位高，二危也；身无大功而受厚禄，三危也。

【出处】《淮南子·人间训》

【解说】天下有三种危险事：一是自己缺少美德却受到过多的宠幸；二是自己才能低下却身居高位；三是自己没有建过大功却得到丰厚的俸禄。

人先信而后求能。

【出处】《淮南子·说林训》

【解说】一个人必须首先具备诚实信用的品德，然后再去探求本领才能。

放情者危，节欲者安。

【出处】三国魏·桓范《政要论·节欲》

【解说】放纵情感的人一定会危亡；节制欲望的人一定会平安。

君子陷人于危，必同其难。

【出处】晋·陈寿《三国志·魏书·公孙瓒传》

【解说】君子如果不小心使人处于危难之际，一定要与他同患难。

有行之士，未必能进取；进取之士，未必有行也。

【出处】晋·陈寿《三国志·魏书·武帝纪》

【注释】有行，有品行。

【解说】有品行的人，未必能够在仕途上有所进取；仕途上有进取的人，未必有好品行。

仁者不以盛衰改节，义者不以存亡易心。

【出处】晋·陈寿《三国志·曹爽传》裴松之注引皇甫谧

《列女传》

【解说】真正的仁德之士不会因为国家有盛有衰而改变节操；真正的重义之人不会因为生死存亡而改变思想。

善积者昌，恶积者丧。

【出处】晋·陈寿《三国志·蜀书·后主传》裴松之注引《诸葛亮集》

【解说】做好事且日积月累的人一定会昌盛；做坏事且日积月累的人一定会灭亡。

言过其实，不可大用。

【出处】晋·陈寿《三国志·蜀书·马良传》载刘备论马谡语

【解说】一个人说的话超过其实际本领，终究不可以用他干大事。

不戚戚于贫贱，不汲汲于富贵。

【出处】晋·陶潜《五柳先生传》

【注释】戚戚，忧虑貌。汲汲，急于追求貌。

【解说】地位贫贱而又无忧无虑；面对富贵并不急于追求。

悟已往之不谏，知来者之可追。

【出处】晋·陶潜《归去来兮辞》

【注释】不谏，不可以语言劝止。

【解说】领悟到已经过去的不可以再用语言来劝止；知道未来的一些事情还可以补救。

咆哮者不必勇，淳淡者不必怯。

【出处】晋·葛洪《抱朴子·清鉴》

【解说】大声吵闹的人不一定勇敢；清淳恬淡的人，不一定怯懦。

伤人之语，有剑戟之痛。

【出处】晋·葛洪《抱朴子·疾谬》

【解说】伤害别人的话语，有时像刀剑一样刺痛人心。

天下之福，莫大于无欲：天下之祸，无大于不知足。

【出处】晋·傅玄《傅子·曲制篇》

【解说】天下的福分，没有比无欲更大的；天下的祸患，没有比不知足更大的。

病从口入，祸从口出。

【出处】晋·傅玄《拟金人铭作口铭》

【解说】一般来说，疾病都是从口中的食物进入体内的；祸患都是从口中的语言生出来的。

朝有所闻，夕则行之。

【出处】南朝·宋·《后汉书·张衡列传》

【解说】早上听到了有益的话，晚上就实行它。

精诚所加，金石为开。

【出处】南朝·宋·范晔《后汉书·广陵思王荆传》

【注释】精诚，真诚。

【解说】人际交往中只要用心真诚，就是碰上金属顽石也迟早迟晚会对你敞开胸怀。

男儿当死中求生。

【出处】南朝·宋·范晔《后汉书·公孙述传》

【解说】大丈夫应当立志为国捐躯，经九死而后生。

百行以德为首。

【出处】南朝·宋·刘义庆《世说新语·贤媛》

【解说】在众多的行为中，当以德行为第一重要。

廉者常乐无求，贪者常忧不足。

【出处】隋·王通《中说·王道篇》

【解说】清廉的官员经常赖以自乐的是别无所求；贪婪的官吏经常忧虑的是所获不足。

自满者，人损之；自谦者，人益之。

【出处】唐·魏征《群书治要·尚书》

【注释】损，害。益，好处。

【解说】骄傲自满的人，别人往往会伤害他；谦逊虚心的人，别人往往会帮助他。

酌贪泉而觉爽，处涸辙以犹欢。

【出处】唐·王勃《滕王阁序》

【注释】贪泉，广州贪泉，传说人饮了那里的泉水，即使再清廉也会变得贪心。涸辙，干涸的车辙，比喻困境。

【解说】饮了贪泉的水反而觉得更加爽快，即使身处干涸的车辙里也还很愉快。

君子安贫，达人知命。
【出处】唐·王勃《滕王阁序》
【解说】正人君子面对贫困能够心安理得；放达之人服从命运的安排。

一片冰心在玉壶。
【出处】唐·王昌龄《芙蓉楼送辛渐》
【解说】一片纯洁如冰雪的心放在玉壶中。

乐不可极，极乐成哀；欲不可纵，纵欲成灾。
【出处】唐·吴兢《贞观政要·刑法》
【解说】欢乐不可达到顶点，因为大喜大乐很容易造成悲哀；欲望不可以过度放纵，过度放纵欲望很容易酿成灾祸。

安能摧眉折腰事权贵，使我不得开心颜。
【出处】唐·李白《梦游天姥吟留别》
【解说】怎能低头鞠躬去服侍那帮达官贵人，使自己不能欢心高兴。

达士如弦直，小人似钩曲。
【出处】唐·杜甫《写怀二首》
【解说】放达的贤人如同弓弦一样直率，奸诈的小人像那弯曲的钓鱼钩。

朱门酒肉臭，路有冻死骨。

【出处】唐·杜甫《自京赴奉先县咏怀五百字》

【解说】达官贵人家里的酒肉已经臭了；路边上有人无家可归冻死在街头。

平生不解藏人善，到处逢人说项斯。

【出处】唐·杨敬之《赠项斯》

【注释】项斯，唐代诗人，作者好友。

【解说】一生一世不会掩没他人的优点，随处见人就说项斯的诗好人品好。

可使寸寸折，不能绕指柔。

【出处】唐·白居易《李都慰古剑》

【解说】宝剑可以使它一寸一寸地折断，但绝不能使它柔软得可以缠绕在手指上。

非其义，君子不轻其生；得其所，君子不爱其死。

【出处】唐·白居易《汉将李陵论》

【解说】对于不合乎正义的事情，君子绝不轻生去做；如果死得其所，君子绝不顾惜生命。

动必三省，言必再思。

【出处】唐·白居易《策林》

【解说】行动做事时一定要反省多次；言论讲话时一定要反复思考。

常恨言语浅，不如人意深。

【出处】唐·刘禹锡《视刀环歌》

【解说】时常痛恨自己的言语功底浅薄，说不出朋友间的深情厚谊。

云山苍苍，江水泱泱。先生之风，山高水长。

【出处】宋·范仲淹《严先生祠堂记》

【注释】苍苍，深青色。泱泱，深广的样子。风，作风，风度。

【解说】先生的品德如同那青青的山峰和深广的江水，崇高伟大，影响久远。

语人之短不曰直，济人之恶不曰义。

【出处】宋·林逋《省心录》

【注释】语，讲。济，帮助。

【解说】谈论他人的短处不能称之为正直；帮助别人去做坏事不能称之为仁义。

以言伤人者，利于刀斧：以术害人者，毒于虎狼。

【出处】宋·林逋《省心录》

【注释】术，权术，手段。

【解说】用言语伤人，比用刀斧砍人还厉害；用权术伤害他人，比虎狼还狠毒。

忠信廉洁，立身之本，非钓铭之具也。

【出处】宋·林逋《省心录》

【解说】忠信廉洁，是立身处世的根本，不是沽名钓誉的工具。

慷慨赴死易，从容就义难。

【出处】宋·谢枋得《却聘书》

【解说】意气昂扬地去死是容易的，但从容不迫地为正义而死却是难做到的。

有意而言，意尽而言止者，天下之至言也。

【出处】宋·苏洵《策略第一》

【解说】有思想的言论，思想表达完了语言也就停止了。这是天下最好的语言。

知无不言，言无不尽。

【出处】宋·苏洵《远虑》

【解说】了解了就要发表看法，发表看法就要把意见说完。

一忍可以支百勇，一静可以制百动。

【出处】宋·苏洵《心术》

【注释】支，对付。制，压制。

【解说】大丈夫忍一时可以对付一百个勇夫；静一时可以制服一百次骚动。

泰山崩于前而色不变。

【出处】宋·苏洵《心术》

【注释】崩，崩塌。

【解说】即使是泰山崩塌在眼前，大丈夫的脸色也不会改变。

慎重者，始若怯，终必勇；轻发者，始若勇，终必怯。

【出处】宋·苏轼《拟进士对御试策》

【注释】轻发，轻举妄动。

【解说】凡事三思而看重的人，开始时好像是胆怯，结束时一定会十分勇敢；凡事轻举妄动的人，开始时好像是勇敢，结束时一定要胆怯。

休对故人思故国，且将新火试新茶，诗酒趁年华。

【出处】宋·苏轼《望江南·超然台作》

【解说】不要在老朋友面前说思念家乡的话，且用这新生起来的火来烧一壶新茶，趁如今这大好年华，正好吟诗作赋，豪饮助兴。

生前富贵草头露，身后风流陌上花。

【出处】宋·苏轼《陌上花》

【解说】活着的时候享受的荣华富贵就像草尖上的露水一样不能长久；死后留下的风流韵事就像那大道上的花朵一样不能经常盛开。

豪杰之士，必有过人之节。

【出处】宋·苏轼《留侯论》

【解说】英雄杰出的人士，一定有越过一般人的节操。

人必知道而后知爱身，知爱身而后知爱人，知爱人而后知保天下。

【出处】宋·苏辙《汉昭帝》

【解说】人一定是在了解了规律之后才知道爱惜身体；知道爱惜身体后才知道关心理解他人；知道关心理解他人之后才知道保卫国家，治理天下。

丈夫一言许人，千金不易。

【出处】《资治通鉴·唐纪》

【解说】大丈夫只要一句话答应了别人，即使付出千金代价也不能改变。

不诚于前而曰诚于后，众必疑而不信矣。

【出处】《资治通鉴·唐纪》

【解说】事前不诚实而事后却表白自己诚实，必然会引起人们的怀疑和不相信。

富贵不淫贫贱乐，男儿到此是豪雄。

【出处】宋·程颢《偶成》

【解说】富贵之后而不胡作非为，即使贫贱也乐而不忧，男子汉活到这种地步才是真正的豪雄。

保初节易，保晚节难。

【出处】宋·朱熹《名臣言行录》

【注释】保，保持。

【解说】一个人年轻时保持气节比较容易，年老时保持气节比较困难。

溺爱者不明，贪得者无厌。

【出处】宋·朱熹《四书集注·大学第八章》

【解说】溺爱的人必然不能明察；贪得的人必然没有满足。

有德而富贵者，乘富贵之势以利物；无德而富贵者，乘富贵之势以残身。

【出处】宋·胡宏《胡子知言·仲尼》

【解说】有德行而富贵了的人，知道乘此富贵时机来帮助人成就事物；没有德行而富贵了的人，却盲目地在富贵时伤害了自己的身体。

好事不出门，恶事行千里。

【出处】宋·孙光宪《北梦琐言》卷六

风流不在谈锋胜，袖手无言味最长。

【出处】宋·黄升《鹧鸪天》

【解说】有才华的也许不是那些侃侃而谈的人，而是那些袖手旁观一言不发的人。

节饮食，慎言语。

【出处】宋·蒋捷《贺新郎·乡士以狂得罪赋此饯行》

【解说】节制饮食，慎重说话。

浩歌惊世俗，狂语任天真。

【出处】宋·陆游《醉书》

【解说】引吭高歌，抒发的真情足以惊动世俗人等；出口狂言，听任自己的天性真诚流露。

才疏志大不自量，西家东家笑我狂。

【出处】宋·陆游《大风登城》

【解说】才华疏浅而志向远大，实属不自量力；西家与东家邻居因此嘲笑我的癫狂。

日长似岁闲方觉，事大如天醉亦休。

【出处】宋·陆游《秋思》

【解说】每一天都像一年那样漫长，这是近来闲居时才感觉到的；即使身上有天大的事情，如今醉了也就只好罢休。

不恨古人吾不见，恨古人不见吾狂耳。

【出处】宋·辛弃疾《贺新郎》

【解说】许多古代圣人我没有看见，并未觉得有什么遗憾；遗憾的只是那些古代圣人没有看见我的狂放不羁。

人生行乐，且须痛饮莫辞杯。坐则高谈风月，醉则恣眠芳草，醒后亦佳哉。

【出处】宋·刘过《水调歌头》

【解说】人生应当及时行乐，而且一定要痛饮美酒，不要推辞。朋友们坐在一起应当高谈阔论，欣赏那风花雪月；喝醉了干脆就躺在青草地上酣睡不起；醒来后该是何等快意高兴。

或是或非尘里事，无穷无达醉中身。

【出处】宋·戴复古《春日呈黄子迈大卿》

【解说】有的错，有的错，纷纷扬扬都是人世间的琐事；不分穷困，不分显达，忽忽悠悠都是喝醉时的感觉。

酒酣耳热说文章。惊倒邻墙，推倒胡床。旁观拍手笑疏狂。疏又何妨，狂又何妨。

【出处】宋·刘克庄《一剪梅·余赴广东实之夜饯于风亭》

【解说】酒至半酣，面红耳热，谈论文章。惊倒了邻墙的客人，推倒了北方人的睡床。旁观的人拍手叫好，有的又嘲笑我才疏疯狂。才华疏浅又有何妨，放荡不羁又有何妨。

古今多少遗恨，俯仰已尘埃。不共青山一笑，不与黄花一醉，怀抱向谁开？

【出处】宋·方岳《水调歌头·九日醉中》

【解说】古往今来，人生有多少遗憾，就在俯首昂头之际已化作尘埃。不和青山绿水一块欢笑，不与面前的菊花一道沉醉，即便有再大的抱负，却向谁展开呢？

一死皎然无复恨，忠魂多少暗荒丘。

【出处】宋·文天祥《有感》

【注释】皎然，光明貌，指死得其所。

【解说】一个人如果死得光明磊落，也就没有什么遗憾；因为自古以来，多少忠臣的英魂都被埋入了昏暗的荒丘。

丈夫开口即见胆。

【出处】宋·文天祥《去年十月九日余至燕城今周星不报为赋长句》

【解说】大丈夫一开口说话就可以看出非凡的胆识。

时穷节乃现，一一垂丹青。

【出处】宋·文天祥《正气歌》

【注释】时穷，指形势危急。节，气节。垂，留传。丹青，指史籍。古时用丹册记功劳，以青史记史事。

【解说】国家到了危难之时，臣子的气节才会显现出来；而且要一个一个地写进史册，留传后世。

地薄者大木不产，水浅者大鱼不游。

【出处】宋·张商英《素书》

【解说】土地贫瘠大树长不起来，水面浅小大鱼不能游动生存。

上山擒虎易，开口告人难。

【出处】元·高则诚《琵琶记·五娘剪发卖发》

【解说】如果说上山捕捉猛虎容易，那么与他人争论打官司就会难上加难。

得放手时须放手，得饶人处且饶人。

【出处】元·关汉卿《窦娥冤》

达士声名，贵家骄蹇，此好胸中一点无。欢然处，有膝前儿女，几上诗书。

【出处】元·许衡《沁园春·垦田东城》

【注释】骄蹇，傲慢，不顺从。蹇，jiǎn。

【解说】贤达士人的名望声誉，贵族家子弟的傲慢，这些爱好在我心中没有一点点。最是令人欢喜高兴的地方是，膝前有小儿女打闹玩耍，茶几上有诗书可读。

公卿自有公卿禄，儿孙自有儿孙福。

【出处】元·马致远《双调·夜行船》

【解说】当官的自有当官的俸禄；后代子孙自有后代人的幸福。

黄金带缠着忧患，紫罗襕裹着祸端，怎如俺藜杖藤冠。

【出处】元·张养浩《双调·水仙子》

【注释】紫罗襕，紫色罗缎制成的官服，为高官所穿。藜杖藤冠，比喻隐居生活。

【解说】黄金腰带弄不好缠绕着的是无穷祸患；紫色罗缎官服弄不好裹着万千祸端；怎比我这竹拐杖草帽子处之泰然。

不应举江湖状元，不思凡风月神仙。断简残编，翰墨云烟，香满山川。

【出处】元·乔吉《双调·折桂令·自述》

【解说】不去应试科举，宁肯作江湖中的状元；不美慕那世俗生活，只想作描写风花雪月的神仙。屋里面收藏的是珍贵图书，飘散出来的笔墨的清香，已弥漫了大小山川。

富贵三更枕上蝶，功名两字酒中蛇。

【出处】元·乔吉《双调·卖花声·悟世》

【注释】枕上蝶：指做梦。用庄子梦蝶典。酒中蛇：用杯弓蛇影典。

【解说】富贵的生活就像那夜已三更时的美梦一样短暂；功劳与名望就像那酒中的杯弓蛇影一样空幻。

名节重泰山，利欲轻鸿毛。

【出处】明·于谦《无题》

【解说】名誉节操比泰山还重，利益欲望比鸿毛还轻。

清风两袖朝天去，免得闾阎话短长。

【出处】明·于谦《入京》

【注释】闾，lǘ。闾阎，指里巷。

三生不改冰霜操，万死常留社稷身。

【出处】明·海瑞《谒先师顾洞阳公祠》

【注释】三生，本为佛教语，指前生、今生、来生。社稷，指国家。

【解说】即使三次来到人间也不会改变久历冰霜的节操，死一万回也要保留为国家兴亡奋斗的生命。

一字不可轻与人，一言不可轻许人。

【出处】明·薛瑄《薛子道论·下篇》

【解说】说话一定要谨慎，连一个字都不可以轻易在别人面前流露，一句话都不可以轻易许诺别人。

有歆艳之心，便有怨怼之心；有迫促心，则有厌弃心。无歆艳则无怨怼矣，无迫促则无厌弃矣。

【出处】明·苏浚《鸡鸣偶记》

【解说】有羡慕之心，便有怨恨之心；有对人要求过严过急的心意，便会有厌弃别人的心意。没有羡慕之心也就没有怨恨了，没有对人的要求苛刻的心意，也就没有厌弃别人的心意了。

无事时常照管此心，兢兢然若有事；有事时却放下此心，坦坦然若无事。

【出处】明·苏浚《鸡鸣偶记》

【解说】没有事情的时候要经常提醒自己，兢兢业业地好像有事的样子；有事情的时候，却要放下心思，坦荡泰然像没有事的样子。

倚空门而好色贪财，罪业深于盗劫；藉讲学以趋时射利，心术暗若穿窬。

【出处】明·赵世显《一得斋琐言》

【解说】皈依佛门而又好色贪财，其罪孽比强盗还要深重；借助讲学来迎合时势追求财利，这种人的思想和心计比穿壁翻墙偷东西的梁上君子还要阴暗。

世间娇艳姬，但任彼众人怜：天下奇男子，莫让与他人做。

【出处】明·赵世显《一得斋琐言》

【解说】世间的娇媚艳丽的美人，任凭众人去爱怜；天下奇伟的男子汉，却不要让他人来做（意思是争做天下的奇男子）。

莫叹白头，念我惟空白；但逢青眼，思他青眼为何青。

【出处】明·赵世显《一得斋琐言》

【解说】不要悲叹自己头发白了，想我的头发不过是徒然白了而已；但是得到别人好感的时候，却要想一想他为什么对我有好感。青眼：据说三国时期阮籍能分别以青、白眼看不同的人，见凡俗之士，就施以白眼，见到意气相投者，则以青眼对之。

用功如远行，迟半日则程途多半日；讲道若登塔，上一层则识见高一层。

【出处】明·赵世显《一得斋琐言》

【解说】读书用功就像走远路，耽误了半天就会多半天的路程；在求学方面的进步，就像登塔一样，登高一层，见识就增高一层。

粉饰以自矜者，娼优之丑态；贬人而扬己者，牙侩之用心。今之不为娼优牙侩者，亦鲜矣。

【出处】明·赵世显《一得斋琐言》

【解说】刻意打扮而自我炫耀，是娼妓和戏子的丑态；贬低别人而抬高自己，是掮客市侩的用心。如今的人，不做娼妓子和掮客市侩的，实在是太少了。

多躁者必无沉毅之识，多畏者必无踔越之见，多欲者必无慷慨之节，多言者必无质实之心，多勇者必无文学之雅。

【出处】明·彭汝让《木几冗谈》

【解说】多躁动的人肯定没有沉着坚毅的见识，畏首畏尾的人肯定没有超越寻常的见解，私欲过多的人肯定没有慷慨赴义的气节，言语多的人肯定没有实事求是之心，勇敢莽撞的人肯定缺少文学之士的雅致。

半窗一几，远兴闲思，天地何其寥阔也！清晨端起，亭午高眠，胸襟何其洗涤也！

【出处】明·彭汝让《木几冗谈》

【解说】坐在窗前，凭靠着小桌，随意遐想，天地有多么的广阔啊；清晨端端正正地坐起，正午时分高枕无忧地睡上一觉，胸襟是多么干净清爽啊！

自多其名，其名不足；自多其富，其富不足；自多其能，其能不足。良贾深藏若虚，谅哉！

【出处】明·彭汝让《木几冗谈》

【解说】自己夸耀自己名声的人，他的名声肯定不够大；自己夸耀自己的富有，他的财富肯定不会多；自己夸耀自己的技能，他的技能肯定不怎么高。善于经商的人，把宝物深藏起来，就像没有一样，的确是很聪明的做法。

多富贵则易骄淫，多贫贱则易局促，多患难则易恐惧，多酬应则易机械，多交游则易浮泛，多言语则易差失，多读书则易感慨。

【出处】明·彭汝让《木几冗谈》

【解说】富贵之人则容易骄奢淫逸，贫贱之人则容易拘束窘迫，经历患难多了容易产生恐惧心理，应酬多的人就会有狡诈之心，交往多的人容易流于空泛，语言多的人容易产生过失，读书多的人就往往会产生感慨。

憎人面孔，落在酒杯；怜世心肠，藏之诗句。

【出处】明·何伟然《呕丝》

【解说】憎恨别人的面孔，在酒杯中消融；怜悯世人的心肠，藏在诗句之中。

应世法，微微一笑；度世法，冷冷半语。

【出处】明·何伟然《呕丝》

【解说】适应时世的方法是，微微地一笑；济世度人的方法是，冷冷地说只言片语。

观变态之极幻，则浮云转有常情；咀世味之皆空，则流水转多浓旨。

【出处】明·何伟然《呕丝》

【解说】看到世态人情的变幻无常，觉得天上的浮云反倒有固定的情态了；咀嚼世间情味的淡薄，反而觉得流水味美而醇厚。

眼界窄，襟怀不宽；心肠小，步履不大。

【出处】明·何伟然《呕丝》

【解说】眼界狭窄，心胸就不会宽广；心肠狭小，也不会有伟大的举动。

昔人云："一心可以处万事，二心不可以处一事。"余云："一心可以交万友，二心不可交一友。"

【出处】明·何伟然《呕丝》

【解说】过去有人说："一心一意就能够办理好万件事情，而三心二意就连一件事情也办不成。"我说："一心一意能够交上一万个朋友，而三心二意就连一个朋友也交不上。"

让利精于取利，逃名巧于邀名。

【出处】明·何伟然《呕丝》

【解说】让利于人，比自己获利高明；逃避名声，比求取名声精明。

凡名易居，清名难居；凡福易享，清福难享。

【出处】明·何伟然《呕丝》

【解说】普通的名声容易保持，清高的名声却不容易保持；普通的幸福容易享受，清静的幸福却不容易享受。

以宇宙为一身者，无不平之憾矣。

【出处】明·王纳谏《会心言》

【解说】把我同整个宇宙融为一体的人，就不会有不平的遗憾的事情了。

酒消依旧清谈，雪消依旧青山。

【出处】明·王纳谏《会心言》

【解说】酒意过后依然进行清雅的言谈，积雪融化之后青山依旧露出本来的面目。

春眠吾以当醉，鸟语吾以当歌。

【出处】明·王纳谏《会心言》

【解说】春眠我姑且当作醉酒，鸟鸣我姑且当作歌唱。

静有威，躁无威。

【出处】明·王纳谏《会心言》

【解说】态度平静反而显得有威严；性情暴躁反而显得没有威严。

剧读剧谈乐，闲行闲卧乐。

【出处】明·王纳谏《会心言》

【解说】读书很多很快和畅快地谈论是快乐的事，闲散地行走和闲散地卧眠也是快乐的事。

体安闲则肥，国不扰则富。

【出处】明·王纳谏《会心言》

【解说】身体安逸了就会肥胖，国家没有扰乱就会富强。

饫不如尝，成不如将。

【出处】明·王纳谏《会心言》

【解说】吃饱了不如尝一尝能品出滋味，事情成功了不如将要成功时有兴趣。

银河清浅，万籁无声，浊酒一壶，素琴一张，愿与幽人共之。

【出处】明·杨梦衮《草玄亭漫语》

【解说】天上的银河清亮而浅显，四周万籁俱寂。这时摆上一壶浊酒，放置一张没有装饰的琴，愿意和隐士一起来享受这美好的夜晚。

酒足以狂愿士，色足以杀壮士，利足以点素士，名足以绊高士。

【出处】明·杨梦衮《草玄亭漫语》

【解说】酒足以使善良朴实的士人变得狂妄，美色足以戕害壮士，钱财足以玷污寒素而有气节的人，名声足以给清高的人士造成羁绊。

不刃而杀人者有二：曰谗，曰色。谗犹憎也，色则爱矣。

【出处】明·杨梦衮《草玄亭漫语》

【解说】没有刀刃而能杀人的，有两种东西。一个是谗言，一个是美色。对于谗言人们还知道憎恶，对于美色人们却只有喜爱。

术不可以久行，伪不可以屡作。术以巧胜，巧穷则拙矣。伪以饰胜，饰穷则露矣。

【出处】明·杨梦衮《草玄亭漫语》

【解说】权术不可以长久使用，欺诈不可以屡次进行。权术以巧妙取胜，技巧用尽了，就会显得笨拙了。欺诈以善于装饰取胜，装饰的伎俩用尽了，骗局就会败露。

贫不足羞，可羞是贫而无志。

【出处】明·吕坤《呻吟语·力行》

【解说】贫穷不应该感到羞耻；而可羞耻的是贫穷却没有志向。

闻誉我而喜，闻毁我而怒，只是量不足。

【出处】明·吕坤《呻吟语·识见》

【注释】闻，听。誉，赞美。

【解说】听到有人赞美自己就沾沾自喜；听到有人诋毁自己

就怒不可遏。如此这般，只是因为气量不够。

大其心容天下之物，虚其心受天下之善。
【出处】明·吕坤《呻吟语·补遗》
【注释】容，装，这里指心胸要宽广。
【解说】扩大心胸来包容天下种种事物；虚怀若谷来学习天下种种善事。

量大福也大，机深祸亦深。
【出处】明·施耐庵《水浒》第十九回
【注释】量，气度心胸。机，计谋。
【解说】一个人胸怀宽广，其福分也大；一个人心计太深，其祸患也深。

妙药难医冤孽病，横财不富命穷人。
【出处】明·施耐庵《水浒》第三十四回
【解说】再好的良药也治不好相互仇视的心病；再大的意外之财也不会使穷人富有。

富家一席酒，穷汉半年粮。
【出处】明·冯梦龙《醒世恒言·卢太学诗酒傲公侯》
【解说】富人家的一桌酒菜，就能买穷人家的半年粮食。

眼孔浅时无大量，心田偏处有奸谋。
【出处】明·冯梦龙《醒世恒言·两县令竞义婚孤女》
【注释】偏，倾斜。

【解说】目光短浅时自然没有大气量，心术不正，有所偏袒，一定是有奸人计谋。

宰相腹中撑得船过。

【出处】明·冯梦龙《警世通言·拗相公饮恨半山堂》

【解说】作一国宰相这样的高官要有大胸怀，大得能撑开船。

救人一命，胜造七级浮屠。

【出处】明·冯梦龙《古今小说。月明和尚度柳翠》

【注释】浮屠，宝塔。

【解说】拯救一个人的性命，胜过建造七层宝塔。

口是祸之门，舌是斩身刀。

【出处】明·冯梦龙《古今小说，沈小官一鸟害七命》

【解说】人的嘴巴往往是灾祸进入的大门；人的舌头往往是自取杀身之祸的钢刀。

阿谀人人喜，直言个个嫌。

【出处】明·冯梦龙《警世通言·钝秀才一朝交泰》

【解说】说奉承话人人愿意听，说恳切真话人人讨厌。

有理言自壮，负屈声必高。

【出处】明·冯梦龙《警世通言·金令史美婢酬秀童》

【解说】内心有理，其说话气势自然豪壮；内心委屈，其说话声调一定高亢。

满腹有文难骂鬼，措身无地反忧天；多愁多感多伤寿，且酌深杯看月圆。

【出处】明·唐寅《漫兴》

【解说】虽然有满腹文章，却难骂到人间的鬼魅；家无立锥之地，却要以天下为忧。既然知道多愁善感会有害健康长寿，如今只好暂且喝光这大杯美酒，欣赏一轮明月。

一壶浊酒喜相逢，古今多少事，都付笑谈中。

【出处】明·杨慎《临江仙》

【解说】一小杯混酒，老朋友相逢，是多么高兴。古往今来，有多少事情，都在人们的谈笑中。

贪欲者，众恶之本；寡欲者，众善之基。

【出处】明·王廷相《慎言·见闻篇》

【解说】贪得的欲望是许多恶劣行径的思想根源；减少欲望是许多善良行为的思想基础。

爱生于公则遍，生于私则偏。

【出处】明·李梦阳《空同子·论学上》

【解说】仁爱出于公心，就会遍及众人；若出于私心，就会偏爱少数人。

修身处世，一诚之外更无余事。

【出处】明·朱之瑜《诚二首》

【解说】一个人修身处世，除了一个"诚"字之外也就没有其他事情了。

小人有恶中之善，君子有善中之恶。

【出处】明·庄元臣《叙苴子内篇》卷五

【解说】小人本是性恶之人，但其中也有一些小善；君子本是性善之人，但其中也有一些小恶。

情同金石，义薄云天。

【出处】清·顾炎武《蒋山佣残稿卷二》

【注释】金石，比喻坚固。薄，迫近。

【解说】情谊像金石般坚固，义气之高可达九天。

非其有不取，非其力不食。

【出处】清·顾炎武《〈莱州任氏族谱〉序》

【解说】不是自己所应占有的东西绝对不去取；不是自己的劳动所得绝对不吃。

人生富贵驹过隙，惟有荣名寿金石。

【出处】清·顾炎武《秋风行》

【解说】人的一生中富贵荣华十分短暂，就像那白马跑过门缝一样；只有光荣的名誉才能万古流芳。

同不失正，贞不绝俗。

【出处】清·袁枚《随园书牍·与张司马》

【解说】与世人相合，却不失正直的品格；保持节操，而不和世人隔绝。

语言切勿刺人骨髓，戏谑切勿中人心病。

【出处】清·陆陇其《三鱼堂集》

【注释】骨髓，指人的致命处或主要缺点。戏谑，开玩笑。

德业观前面人，名位观后面人。
【出处】清·沈捷《增订心相百二十善》
【解说】道德修养和事业成就向超过自己的人学习，对于名声和地位，要向后面的人看。

成德每在困穷，败身多因得志。
【出处】清·魏象枢《庸言》
【解说】成就德行往往是人在贫困的时候取得或养成的，而自身的败坏多数是在功成得意之时。

贫贱立品，富贵立身，方是天地间的真男子。
【出处】清·魏象枢《庸言》
【解说】贫贱时人格要立得住，富贵时德行要站得住，这才是天地间的真正的男子汉。

池能卫城，亦能坏城；水能载舟，亦能覆舟。富贵之于人也，何以异是？
【出处】清·魏象枢《庸言》
【解说】护城河能够护卫城墙，也能够毁坏城墙；水能负载舟船，也能够颠覆舟船。富贵对于人与这些有什么区别？

心无日月之明，志无雷霆之奋，不可与言学。
【出处】清·魏象枢《庸言》
【解说】心里没有日月一般的光明，志气不能像雷霆一样的迅猛激发，不可能和他谈论学道。

奔走权贵之家，入室蛇行，出门虎视，岂不哀哉！

【出处】清·黄钧宰《述哀情》

【解说】奔走于权贵人家，进去的时候卑躬屈膝像蛇爬行一样，出门后趾高气扬不可一世的样子，岂不是值得悲哀的事吗？

寒士断炊两日，不得已走告亲友。逡巡入门，欲言又止。主人已察其意，先诉艰难，岂不哀哉！

【出处】清·黄钧宰《述哀情》

【解说】贫寒的读书人两天没有起火，不得已向亲友求助。在门口徘徊之后进门，想说又闭口。主人察觉到他的来意，抢在前面诉说自己家境的艰难。这岂不是值得悲哀的吗！

腥膻所在，群蚁丛之，百沸之水将浇，千万聚而不走，岂不哀哉！

【出处】清·黄钧宰《述哀情》

【解说】腥膻之物所在的地方，众多的蚂蚁聚集在那里。滚烫的水将要浇在它们头上，可蚂蚁还成千上万地聚集在一起而不散开，这岂不是十分悲哀的事吗？

刑官受赂，堂下呼冤，夜静风凄，敲扑如故，岂不哀哉！

【出处】清·黄钧宰《述哀情》

【解说】法官接受贿赂，公堂下百姓喊冤，但在夜静风声凄厉之时，衙役们依然在严刑拷打。这岂不是值得悲哀的事吗！